조선 도학의 분수령

김 종 직

유학사상가 총서시리즈

韓國

조선 도학의 분수령

김 종 직

정성희 지음

성균관대학교
출 판 부

| 머리말 |

한 사람의 일생을 글로 재구성한다는 것은 참으로 어려운 일이다. 그 사람이 오래전의 사람이고, 그의 존재가 역사적으로 두드러지는 인물이어서, 이미 수많은 사람들이 그의 행적과 사상을 언급하고 평가했다고 하더라도 그것은 여전히 어려운 일이다. 아무리 많은 직간접적인 자료가 있어도 이미 드러나 버린 그것을 통해서 한 사람의 내면까지 파악하기는 힘들기 때문이다.

그럼에도 불구하고 평전은 쓰여야 한다. 역사는 그것을 기록하고 해석하는 사람에 의해 살아있는 역사가 되듯이, 역사적인 인물역시 그에 대한 기록과 시대에 따른 평가가 있어야만 역사적으로 살아있는 인물이 되기 때문이다.

한 사람의 생애는 한 시대에 속해 있다. 사람은 시대를 선택하지 못한다. 다만 자신이 태어난 시대적 환경에서 자신이 선택한 방법으로 살아갈 뿐이다. 조선은 도학(道學)의 시대였다. 도학을 이념으로 삼은 사람들에 의해 건국되고 통치된 나라였다. 그러므로 모든 제도와 통치 행위, 그리고 인물의 행적과 사상은 도학적 기준에 의해 수립되고 평가되었다. 설사 그것이 허울뿐인 명분에 지나지 않는다 하더라도 반드시 도학이라는 꼬리표를 붙이고 있어야 했다. 그것이 바로 철학과 이념의 다른 점이다. 철학은 권유하고, 이념은 강요한다. 그러므로 철학이 없는 이념의 시대를 사는 사람들은 난감하다.

김종직은 조선의 한 시대를 성의껏 살아낸 사람이다. 그는 수많은 시부(詩賦)를 남긴 뛰어난 문인이었고, 정몽주에게서부터 내려오는 조선 사림의 도학 전통을 이어받은 도학자였으며, 김굉필과 정여창 등 많은 제자를 길러낸 교육자였고, 훈구대신들이 깊고 넓게 뿌리를 내리고 있는 정계에 진출하여 임금의 각별한 총애를 받던 사림 출신 관료였다. 그리고 재야에 머물던 사림파 도학자들이 중앙정계로 진출하는 데 튼튼한 발판의 역할을 한 사람이다.

김종직은 이렇게 자신에게 주어진, 혹은 선택한 역할을 수행하며 한평생을 비교적 무난하게 살고 떠났다. 그러나 시대는 그렇게 떠난 그를 그냥 내버려두지 않았다. 그의 의도와는 상관없이 그의 사후에 일어난 일들이 그의 정체성을 규정하는 역할을 했기 때문이다. 실제로 김종직은, 생전에는 논란에 휩싸이는 일이 드물었으나 세상을 뜬 이후에는 엄청난 사건과 논란의 중심에 있게 되었다. 그가 세상을 뜬 직후에는 그에게 내려진 시호의 타당성에 대한 논란이 있었으며, 연산군 대에는 그의 글 한 편이 빌미가 되어 무오사화가 일어났다. 무오사화는 그의 제자를 비롯한 사림에게 치명적인 피해를 입히고, 이미 땅에 묻힌 그의 시신까지 도륙하였다. 이는 김종직의 의도와는 무관하게 벌어진 일이었다.

김종직은 무오사화의 최대 피해자이자 수혜자이기도 했다. 무오사화는 그에게 세조의 왕위 찬탈을 비판하는 「조의제문」이라는 글을 지어 도학적 절의 사상을 선양했다는 평가와 함께, 그로 인하여 부당한 정권에 의해 희생된 올곧은 도학자로서의 모습을 부각시켰고, 이후에는 조선 도통 수수자로서의 그의 역할에 이의를 제기하기 어렵게 되었기 때문이다. 그러나 조선 중반기 이후 도학의 위상이 공고해지고 학문적으로 성숙하면서 김종직의 행적과 학문에 의문을 품고 그간의 평가에 이의를 제기하는 후학들이 나타나기 시작했다.

한 사건이나 인물에 대해서 쓰면서 일관되게 객관성을 유지하기는 어렵다. 객관적인 시각을 가지려고 노력한다고 하더라도 그것은 필자의 주관적인 객관일 수밖에 없기 때문이다. 그러므로 동일한 자료를 두고도 다른 해석이 나올 수가 있고, 한 사건이나 인물에 대한 다양한 기록과 해석들이 존재할 수 있는 것이다. 김종직 사후부터 지금까지 그의 행적이나 사상, 학문적 경향에 대해서도 다양한 시각이 존재했고, 지금도 새로운 해석이 시도되고 있다. 이 책은 필자의 관점에서 본 김종직에 대한 글이다.

김종직에 대한 관심은 박사학위 논문을 쓰면서부터 시작된 것이다. 고려 말 조선 초는 조선왕조 500년의 통치 이념인 도학이 정치적으로 자리를 잡아가는 시기였고, 김종직은 그 중요한 시기의 한 분수령이 된 도학자였다. 김종직 이후 사림은 한 학파이자 정파로서 실질적으로 기능하기 시작한 것이다. 필자는 이러한 점에 주목하여 김종직을 보다 심도 있게 탐구하고 싶었다. 그런 관심의 결과물이 바로 이 책이다. 이 책 1부의 일부분은 주제의 성격상 필자의 박사학위 논문의 일부, 그리고 먼저 『유학사상연구』 31집에 발표한 「조선 도통론의 비판적 검토」의 일부와 내용상 겹치는 부분이 있음을 밝혀둔다.

이 책을 내기까지는 알게 모르게 많은 분들의 도움이 있었다. 든든한 울타리처럼 나를 지켜주는 가족들, 부족한 모습을 묵묵히 지켜보아 주시는 서경요 지도교수님, 항상 가까이서 나 자신을 돌아보게 해주는 동학들께 감사를 드린다. 그리고 생각만 해도 가슴이 먹먹해지는 이름 어머니. 생존해 계시다면 자식의 작은 성취를 누구보다 기뻐해 주셨을 어머니 영전에 이 책을 바친다.

실용의 시대다. 실용이 이념이 되어 버린 시대다. 이러한 때에 전혀 실용적이지 않은 이 책 한 권이 누군가에게는 실재로 유용한 역할을 할 수 있기를 바란다.

2009년 1월
수락산 자락에서 정성희 쓰다

■ 머리말

제1부 김종직의 시대 그리고 생애

제1장 시작하는 말 ··· 13

제2장 조선 전기의 시대적 상황과 도학 ················· 18

1. 여말(麗末)·선초(鮮初)의 학문적 환경―정치와 도학(道學) | 18
2. 조선 도학에서 도의 의미 | 26
3. 사림의 형성 | 36

제3장 김종직의 생애 ·· 45

1. 부친 김숙자(金叔滋) | 45
2. 김종직의 환로(宦路)와 행적 | 52
3. 김종직에 대한 평가 | 64
4. 무오사화와 김종직 | 76
5. 김종직의 제자들 | 89

제2부 김종직의 사상

제1장 시작하는 말 ··· 105

제2장 김종직의 도학 ·· 107

1. 김종직 도학의 연원 | 107
2. 불교에 대한 태도 | 112
3. 『소학』 중심의 실천학 | 115

제3장 김종직의 문학 ·· 119

    1. 김종직의 문학관―도문일치론 | 119

    2. 춘추필법적 역사의식의 반영 | 127

    3. 애민 의식의 표출 | 131

    4. 출처와 처신에 대한 갈등 | 133

제4장 맺는 말―의리와 현실 사이에서 갈등했던 경계인 김종직 ······ 137

제3부 김종직의 저작

    조의제문 | 145

    도연명의 「술주」에 화답하다(서문과 함께 쓰다) | 149

    윤상 선생 시집 서문 | 152

    영가연괴집 서문 | 156

    밀양 향교의 제군에게 보내는 편지 | 158

    다원 2수(서문과 함께 쓰다) | 166

    함양성 나각의 지붕을 개수하고 지은 시 | 167

    등루부에 견주어 짓다 | 169

    세조 혜장대왕 악장 | 174

    승려 계정이 지리산에 놀러 가는 데에 대한 서문 | 176

부록 • 179

연보 / 참고문헌 / 찾아보기

제 **1** 부

김종직의 시대 그리고 생애

제1장 시작하는 말

유학에는 '내성외왕(內聖外王)'이라는 말이 있다. 이 말은 내성과 외왕을 따로 지칭하는 것이 아니라 내적인 성(聖)과 외적인 왕(王)이 하나의 인격체에 구현되어 있어야 비로소 온전한 왕이라는 의미이다. 즉 왕은 지위로서만 왕으로 인정받는 것이 아니라 왕으로서의 인격적 자질을 가지고 있어야 하며, 왕으로서의 자격을 가지지 못한 부도덕한 왕을 하나의 필부와 같은 존재로 봄으로써 왕을 그 자리에서 끌어내리고 새로운 왕을 옹립하는 데 대한 정당성을 부여하는 것이다. 즉 혁명을 인정하는 것인데, 이 혁명론을 가장 효과적으로 설명하고 있는 경전이 바로 『맹자』이다.

중국 고대의 하와 은, 은과 주의 교체 과정에 대한 서술에서 나타나는 일정한 패턴은 새로운 왕조를 세운 세력에 대한 정당성을 부여하는 역할을 하고 있다. 즉, 걸과 주라는 부도덕하며 왕으로서의 자격을 상실한 구왕조의 마지막 왕과 그에 대비되는, 백성들에게 신임을 얻는 새 왕조의 개창 세력에 대한 묘사가 그것이다. 물론 한 왕조의 지도자가 뛰어난 리더십을 가지고 있을 뿐만 아니라 인격적으로도 훌륭하며 왕조의 경제적·사회적 기반이 튼튼하다면 그 왕조는 무너질 수가 없다. 그러나 역사는 승자의 기록일 수밖에 없다는 사실 또한 잊어서는 안 된다.

유학은 혁명을 인정하고 있지만 왕조에 대한 충(忠)과 군신간의 의리를 목숨보다 중히 여기기도 한다. 그러므로 왕조의 교체 과정에서는 혁명론과 의리론의 충돌이 일어날 수밖에 없게 된다. 즉 어느 정도의 상황이 혁명의 정당성을 주장할 만한 상황인가 하는 객관적인 기준이 제시될 수 없고, 또 기존 왕조가 부패하고 무능하다고 하더라도 그 안에서 개혁이 가능한지 그렇지 않은지에 대한 입장 또한 사람에 따라 다를 수밖에 없기 때문에, 설사 왕조 수호 세력이 왕조의 부패와 무능을 인정한다고 하더라도, 혁명 주도 세력과 왕조 수호 세력 간의 충돌은 피할 수 없는 것이다.

고려 조선의 왕조 교체기에 혁명론과 의리론을 대표하는 도학자는 정도전(鄭道傳, 1342~1398)과 정몽주(鄭夢周, 1337~1392)였다. 이들은 둘 다 도학의 논리에 따랐지만 행동은 정반대로 나타났고, 혁명론자가 승리하여 조선왕조를 개창하는 데 성공하였지만 왕조의 수성기에 접어들면서 추앙된 사람은 의리론자인 정몽주였다. 이 과정에서 혁명론과 의리론은 결국 권력과 권력자의 의지를 대신하는 도구일 뿐이라는 사실이 드러나게 된다.

그런데 여기서 주목해야 할 것은 이 두 세력이 모두 유학에 그 이론적 근거를 가지고 있다는 것이다. 즉 혁명론과 의리론 모두 유학적 논리로 그 정당성을 주장할 수가 있다는 것이다. 그러나 개국 이후 조선에서는 조선왕조 개창의 불가피성과 정당성을 주장하고 그를 입증하기 위한 작업도 전개되지만, 혁명론 자체에 정당성을 부여하지는 않는다. 혁명에 의하여 탄생한 왕조의 임금들조차도 조선왕조의 개창을 극력 반대하다가 죽임을 당한 정몽주를 적극 추앙하고 그 절의 정신을 널리 퍼트리고자 했다.

물론 개국 이후 안정기에 접어들면서 조선왕조에 대한 충의를 장려해야 할 필요성에 의한 정책적인 조치였지만, 의리론자에 대한 이러한 추앙은 조선왕조에서 왕권을 견제하는 세력인 사림파 사대부의 힘을 키워 주고 정당성을 부여해 주는 결과를 가져오게 된다.

그리하여 조선의 전반기는 훈구파를 앞세운 왕권과, 정도전이 구현하고자 했던 사대부 정권을 추구하는 사림파 사이의 세력 다툼으로 인한 사화와 반정으로 점철되었다. 이 과정에서 희생당한 것은 사대부 권력을 추구하는 사람들이었지만 결과적으로 권력 다툼에서 승리한 것은 사람들이었다. 사림 세력이 권력을 장악한 조선 중반기 이후, 왕조 국가였던 조선은 실질적으로는 사대부 정권에 의하여 다스려지게 되는 것이다.

그 이후의 권력 다툼은 사대부 세력 내부에서 벌어지게 되니 그 양상이 바로 우리가 알고 있는 사색당파로 대표되는 당파간의 권력 다툼이다. 왕권에 대한 우위를 확보한 사대부 정권이 지나치게 비대해지고, 노론 세력의 장기간에 걸친 지나친 권력 독점으로 인하여 사대부 정권은 결국 자정 능력을 상실하게 되었다. 그리하여 그 자신이 절실한 개혁 대상이 되고 말았다.

조선 중후반기 이후 사대부 정권이 왕권을 넘어서는 결과를 가져오는 과정에서는 왕권도 한몫을 했다. 조선왕조는 정몽주를 추증한 태종 이후 정란과 사화에서 희생된 사람을 어느 정도의 기간이 지난 후에는 모두 신원시키고 추증함으로써 그들에게 정당성을 부여하였다. 이 과정에는 중종 대가 중요한 전환기 역할을 했다. 반정으로 왕위에 오른 중종과 반정공신들은 반정의 정당성을 입증하기 위하여 연산군에 의하여 희생된 사람들을 복권시킬 수밖에 없었기 때문이다.

정몽주 복권을 비롯한 조선왕조 초기에 행해진 왕조의 수성을 위한 의리를 포장하는 일련의 조처들은 정몽주를 비롯한 의리론자들에게 그 사상적 정당성을 부여한 것이고, 나아가 훗날 그들이 정계에 진출했을 때의 정치적 입장에서의 명분까지 제공해 준 결과를 낳았다. 그리하여 훗날 사림파들이 개혁의 주체로 등장했을 때 그들은 자신들의 신념을 확고하게 추진할 수 있었던 것이다.

조선 도학의 학통을 말할 때 제시되는 정몽주―길재―김숙자―김종직―김굉필·정여창―조광조라는 학맥은 조선 중기 이후 공식화되었다. 이들은 사림파 혹은 도학파로 불리는데, 바로 왕조 교체기의 의리론자인 정몽주의 학문을 이었다고 인정받는 사람들이다. 이들을 부르는 사림파라는 명칭이 관학파, 혹은 훈구파를 의식하여 그들과 대비되는 명칭이라면, 도학파란 송대 성리학이 성립되어 발전하는 시기에 성리학자들이 스스로를 부르던 명칭이었고, 외부인들 역시 그들의 유학을 도학이라 불렀다. 도학이라는 명칭은 도학자들이 추구했던 학문의 다양한 영역 가운데서 유학적 도의 실천이라는 실천적 성향을 강조하는 것이었다. 송대의 도학자들 역시 자신들의 학문이 한당(漢唐) 대의 경학에 치우친 유학이 아닌 선진(先秦) 시기 공맹이 제시한 유학적 도를 실천하는 학문이라는 차별성을 스스로 내세우고 있었다.

조선 전기의 의리론자들을 도학파라고 부르는 이유도 바로 여기에 있다. 즉 스스로는 유학적 의리를 스스로 실천한다는 강한 자부심의 표현이었고, 정권에서도 그들의 의리 정신을 인정하고 표장하면서 그들에게 조선왕조에 대한 의리를 요구하였던 것이다.

그러나 이들 도학자들이 실재로 정권에 발을 들이고, 거기서 한 발 더 나아가서 도학 이념을 정치적으로 실현하기 위한 개혁의 중심 세력으로 등장하기까지는 상당한 시일이 걸렸다. 고려의 유신인 길재는 정몽주처럼 죽임을 당하지는 않았으나 조선왕조에 참여하지 않고 일생을 보냈으며, 그의 제자인 김숙자는 중앙정계에 진출하려는 상당한 노력을 기울였음에도 불구하고 몇 차례의 한직을 맡았을 뿐이고, 김숙자의 아들이면서 제자인 김종직에 와서야 비로소 중앙정계에 자리를 잡게 되었다.

계유정란 이후 훈구 세력이 득세하던 세조와 성종 대에 김종직은 큰 어려움 없는 정치적 일생을 보냈다. 도학적 의리를 몸소 실천하고 정치적으로 실현하고자 했던 도학자라면 도덕적 정당성을 주장하기 힘든 세조와 그 공신들과 함께 정치에 참여한다는 것이 스스로에게 용납되기 힘들었을 것으로 생각할 수 있으나 그의 행적에서는 그로 인한 심각한 고민의 흔적은 보이지 않는다. 당시 정계를 장악하고 있던 훈구 세력과도 원만한 관계를 유지하면서 문장으로도 일세를 풍미하며 비교적 순탄한 정치적 일생을 보냈다. 그러나 그의 사후, 무오사화가 일어나 젊은 시절 쓴 「조의제문(弔義帝文)」과 「화도연명술주(和陶淵明述酒)」라는 글로 인하여 많은 제자들이 죽고, 이미 죽어 땅에 묻힌 김종직은 부관참시라는 참형을 당하게 된다.

김종직이 부관참시를 당하고 그의 제자들이 죽거나 유배를 당한 무오사화는 김종직 이후 정계에서 세력을 확장해 가고 있던 사림파에 대한 훈구 세력의 견제라는 일면을 가지고 있다. 세조의 후손일 수밖에 없는 세조 이후의 임금들에게는 계유정란과 뒤이은 일련의 일들이 자신들의 도덕적 입지에 상당한 부담으로 다가올 수밖에 없었을 것이고, 의리를 내세우는 사림파들이 대거 등장하면서 공신 출신들의 견제를 받을 수밖에 없었다. 그러므로 무오사화와 갑자사화는 당시 임금의 콤플렉스를 이용한 훈구 세력들의 사림파 견제 작전이라고도 볼 수 있다.

사화에서 사림들이 대거 희생되면서 이미 세상을 떠난 그들의 스승인 김종직의 무덤까지 파헤쳐졌지만, 정치적 행적으로 인하여 그 제자들에게서조차 비판을 받던 김종직은 오히려 그로 인해 도학적 위치를 확인받고 공고히 하는 계기가 되었다.

이러한 관점에서 보면 김종직이 도학자로 불리고 조선 도통(道統)의 중요한 자리를 차지하는 것이 정당한가에 대한 의문이 들 수밖에 없다. 도학은 말 그대로 도를 체현하는 학문이기 때문이다. 여기에서 김종직에 대한 재고찰과 재평가의 필요성이 제기되는 것이다.

제2장 조선 전기의 시대적 상황과 도학

1. 여말(麗末) · 선초(鮮初)의 학문적 환경 — 정치와 도학(道學)

도학이 우리나라에 도입되기 시작한 것은 고려 후기이다. 불교가 국민 종교적 성격을 띠고 있던 삼국시대나 통일신라, 고려시대에도 유학이 국가적으로 중요한 역할을 수행하고 있었지만 그것은 어디까지나 실용적 목적을 지니고 있는 것이었고, 백성들에게는 물론이고 그 유학을 부려 쓰던 지배층에게도 정신적인 지주나 수양의 대상, 혹은 가치관의 기준은 아니었다. 결국 삼국시대에 불교가 우리나라로 전래된 이후 고려 말에 이르기까지의 오랜 세월 동안 불교는 지배층과 민중 모두에게 정신적 지주 역할을 하였다.

이 말은 오랜 세월 동안 불교와 권력이 밀접한 관계에 있었다는 말이기도 하다. 동서양을 막론하고 종교와 권력의 관계가 밀접하면 할수록 종교의 세속화는 그만큼 진행된다는 것은 부정할 수 없는 역사적 사실이다. 우리나라에서도 예외가 아니어서 고려 말에 이르면 정치권력과 결탁한 불교계에 말기적인 병폐 현상이 나타난다.

이러한 상황에서도 유학은 그 대안으로서의 역할을 수행하지 못하였다. 불교가 국교로서의 자리를 차지하고 있었기 때문에 유학이 성장할 수 있는 환경이 될 수 없었다는 것도 하나의 이유가 될 수 있다. 이와 더불어 지배층 내부에서는 문신과 무신 간의 갈등이 점점 심해지고 있었고, 그 모순의 축적은 결국 무신의 난으로 폭발하게 된다. 무신의 난은 불교계나 유학계에 중요한 전환기를 마련하였다. 불교계에서는, 권력층의 성격이 바뀌면서 기존의 권력층과 결탁해 있던 교종 계통은 힘을 잃게 되고, 선종이 무신 정권과 밀접한 관계를 맺으면서 세력을 확장시키게 되었다.

또 무신의 난에서 행정 능력과 더불어 유학적 소양을 지니고 있었던 많은 문신들이 제거되어 유학계의 판도가 바뀔 수 있는 바탕도 마련되었다. 무신의 난 이후 무신들이 권력을 잡은 초기에는 문신에 대한 무신들의 증오가 문신의 실질적인 필요성을 잊게 만들었다. 그리하여 많은 문신들이 죽임을 당했고, 살아남은 사람들도 초야로 숨어들거나 승려가 되어 목숨을 부지할 수밖에 없었다.

그러나 무신 정권이 안정되기 시작하면서 행정 능력을 가진 관리의 존재가 절실하게 필요해지게 된다. 이러한 필요성을 절감한 무신 정권은 다시 '능문능리(能文能吏)'라는 기준으로 행정 실무를 담당할 관리들을 선발하기 시작하였다. 그리하여 기존에 고려의 지배층이었던 권문귀족과는 다른 성격을 가진 지방 중소지주 출신의 유학적 소양을 가진 관리들이 대거 등장하게 되고, 이들이 고려 말 도학을 수용하고 도학 이념으로 고려의 모순적인 상황을 극복하려 한 사대부들의 바탕이 되는 것이다.

무신 정권의 후반기에 접어들면 중국에서는 몽고족이 일어나 원나라를 건국하고 고려를 침입하여 결국 고려는 원의 지배하에 들어가게 된다. 원의 지배 체제 아래 놓인 고려는 독자적 왕조로서 최소한의 권리 행사도 하지 못하는 비참한 처지에 놓인다. 즉 고려의 임금은 종(宗)이나 조(祖)로 끝나는 묘호(廟號)를 쓰지 못하고 '왕'이라는 제후국의 칭호를 사용하게 되고, 더구나 그 왕의 이름에는 원 왕실에의 충성을 의미하는 '충(忠)' 자를 넣어서 '충선왕' '충목왕' '충숙왕' 등의 이름을 붙이게 된 것이다. 또 고려의 임금은 원 왕실의 공주와 결혼해야만 했고, 결국 그 사이에서 태어난 왕자가 고려의 왕이 되었으므로 고려의 왕은 자연스레 원 왕실의 부마이면서 손자의 신분이 되었다. 이 기회를 틈타 원 왕실과 밀접한 관계를 맺은 세력이 생겨나게 되고, 이들이 고려 왕실에 버금가는 권력을 휘두르게 되면서 고려는 독립된 나라로서의 체면을 유지하기 힘든 상황에 놓이게 되었다.

이와 같은 모순적인 상황에 놓인 고려에 도학이 도입되었다. 이 역시 도학을 관학(官學)의 위치에까지 끌어올린 원의 영향이었다. 도학 수용 초기의 유학자들은 대부분 원을 오가며 원의 국자감(國子監)에 입학하여 도학을 배우고, 원의 과거에 합격해 원의 관리로 등용되는 등 원대 유학의 절대적인 영향권 안에 있었다. 당시의 이러한 국내외적 상황들은 고려 유학의 성격을 규정짓는 결정적인 요인이 되었다.

고려 후기의 도학 수용자들은 단순한 학문으로서의 도학을 익힌 것이 아니었다. 중국의 도학이 성립되고 발전된 송 왕조는 오랜 세월 이민족의 침입에 시달렸고, 급기야는 이민족에게 대륙의 북쪽을 내주고 남쪽으로 쫓겨 내려가게 되었다. 이러한 상황에서 성립한 도학은 민족주의적 성향을 강하게 띠고 있었고, 그것을 수용한 고려의 유학자들은 당시 난국에 처한 고려의 상황에 맞게 그것을 받아들였던 것이다.

고려 말 도학을 수용하고 익힌 유학자들은 그 도학적 이념으로 당시 국내의 모순을 극복하고 난국을 타개해 나가고자 하였다. 고려는 중기 이후로 내재된 모순의 축적과 이민족의 거듭된 침략으로 말미암아 모든 방면에서 국가적인 위기에 있던 상황에서 무신의 난 이후 새롭게 등장한 신진 사류, 즉 사대부 계층의 위기의식과 맞물려 도학의 적극적인 도입이 시도되었고, 그 시도는 성공적이었다. 그러나 도학을 도입한 고려 유학자들의 의도와는 달리 그것이 축적된 모순을 해결하여 고려왕조를 정상 궤도에 올려놓지는 못하였다.

고려가 외부의 압력과 내부의 혼란으로 어려움을 겪고 있을 때 정주(程朱)의 도학을 익혀 과거를 통해 입사한 신진 사류들이 보기에 당시의 현실은 모순 덩어리일 수밖에 없었다. 즉 고려 왕실의 원 왕실에 대한 종속, 원의 세력을 등에 업은 권문세가들의 횡포, 이에 따른 정부의 지도력 상실과 국가 경제의 파탄, 종교의 기능을 잃어버리고 권력과 결탁하여 사리사욕만 채우는 불교계, 백성이 백성으로 대접받지 못하고 수탈의 대상으로 전락해 버린 현실 등 모두가 도학 수용자들에게는 개혁의 대상일 수밖에 없었다. 다음 두 편의 상소는 고려 말의 신진 사류들이 본 당시 고려의 현실이 어떠했는지를 잘 보여준다.

경기(京畿)의 토지는 조업구분전(祖業口分田)을 제외하고는 모두 관리들에게 나누어주어 녹과전(祿科田)으로 삼아 이를 시행한 지가 50년에 가까운데, 요즘에는 권호지문(權豪之門)이 거의 차지하였습니다……. 주(州)와 군(郡)에서 오래전부터 미납한 공부(貢賦)는 관리들이 백방으로 징수를 독촉하고 있으나 10분의 1도 받지 못하고 원한만 살 뿐입니다.[1]

농토의 구획이 바르지 못하여 세력 있는 자들이 겸병하고 있으니…… (백성들은) 몇 마지기의 땅에 한해 내내 열심히 농사를 지어도 부모처자의 부양도 감당하지 못하는데, 도조(賭租)를 받을 자는 이미 와 있습니다. 만약 땅주인이 하나라면 다행이지만 혹은 서너 집이 되기도 하고 혹은 일고여덟 집이 되기도 합니다.[2]

이 두 편의 상소는 당시 토지제도의 문란과 겸병으로 인한 백성들의 고통을 표현한 글이지만 당시 고려 정부의 관리 능력 상실을 상징적으로 나타내는 것이기도 하다. 이곡(李穀, 1298~1351)은 당시 고려를

---

1 『고려사』 권110, 「열전」23, 李齊賢: 京畿土田除祖業口分 餘皆折給爲祿科田 行之近五十年 邇者權豪之門奪占略盡……州郡遠年貢賦之逋欠者 有司百計迫徵 十分莫得其一 祇是歛怨而已.
2 『고려사』 권115, 「열전」28, 李穡: 經界不正 豪强兼幷……數畝之田 終歲勤動 父母妻子之養 猶且未贍而 受租者已至 若其田之主 一卽幸矣 或有三四家者 或有七八家者.

"나라가 나라답지 못하게 된 지 이미 오래되어 풍속이 무너지고, 형정이 문란하여 백성들은 삶을 의지할 데 없이 도탄에 빠졌다"[3]고까지 표현하였다.

이렇게 고려 말의 도학 수용자들은 고려의 어려운 현실에 관심을 보이고 모순의 해결책을 모색해 나갔다. 그리하여 그들의 학문은 도학 이론의 세밀한 부분에 대한 천착보다는 유학적 이상의 실천을 중요시하게 되었던 것이다. 따라서 그들 나름대로 도학 이념에 따른 경세론을 펼치게 된다.

당시 원은 1313년 인종(仁宗) 2년에 과거를 실시하고, 그 2년 뒤에 주희의 사서집주(四書集註)가 과거의 과목으로 채택되어 도학이 관학의 지위에 올라서게 되었다. 고려에서도 도학을 수용한 지 겨우 30여 년이 지난 충목왕(忠穆王) 원년, 1344년에 사서집주를 과거 과목으로 채택하여 도학을 관학의 위치에 올려놓았다. 도학의 이론이 채 이해되기도 전의 일이라고 할 수 있다. 이와같은 도학의 빠른 성장은 원의 영향을 고려하지 않으면 불가능한 일이다. 고려에서 이렇게 빠른 시간 안에 관학화한 도학은 이후 조선에서도 줄곧 관학의 위치에 있게 되어 독존적 지위를 차지하게 되는 것이다.

정책적인 뒷받침으로 도학이 고려에서 쉽게 확고한 자리를 잡았지만 오히려 이러한 상황의 영향으로 이론적인 성숙은 늦어지게 되었다. 당시 원 대의 학풍은 송 대의 주자학 이론을 거의 그대로 답습하는 수준에서 더 이상의 발전을 보지 못하고 있었다. 고려의 도학 또한 그 이론에 대한 깊이 있는 연구는 이루어지지 못하였다. 위에서 언급한 바와 같이 초기의 도학 수용자들은 도학을 학문적 연구의 대상으로서가 아니라 당시의 난국을 타개해 나갈 새로운 이념으로 받아들였

---

3 『고려사』 권109, 「열전」22, 李穀: 惟吾三韓 國之不國已久矣 風俗敗壞 刑政紊亂 民不聊生 如在塗炭.

다. 그리하여 그들은 주로 교육과 제도 개혁을 비롯한 경세적인 면에 치중하였던 것이다. 고려 말 실천 위주의 학풍은 조선 전기까지도 계속되어 성리론에 대한 본격적인 탐구는 조선 중기 이후에나 등장하게 된다.

도학 수용의 초기 단계인 고려 말기의 도학은 성리론 등의 이론적인 면에 대한 이해 수준은 미미했던 것으로 보인다. 정몽주가 성균박사가 되었을 때, 당시 고려에 들어온 경서는 주희의 사서집주가 있을 뿐이었다는 기록과 정몽주가 그것을 강의했을 때 그것을 듣는 사람들이 잘 이해하지 못했다는 내용을 보면 이러한 사실을 미루어 짐작할 수가 있다.[4] 또 당시는 성리론에 대하여 천착할 만큼 안정된 시국이 아니었다는 것도 당시 도학이 이론적으로 성장하지 못한 원인이 될 수 있다.

고려 말 복합적인 난국에서 도학을 수용한 신진 세력들은 독자적인 세력으로 성장해 갔고, 그들은 여러 면에서 기존의 고려 지배층과는 다른 성격을 가지고 있었다. 결과적으로 이들 가운데 일부가 잦은 외세의 침입으로 인하여 당시 급부상하고 있던 무인 세력과 손을 잡고 혁명을 일으켜 조선이라는 새 왕조를 세우게 된다.

그러나 혁명파 사대부 세력과 무인 세력은 개국 후 각자 다른 꿈을 꾸었으니, 전자의 대표 인물이라고 할 수 있는 정도전은 명실상부한 사대부 중심의 정치체제를 이룩하고자 하였고, 이방원으로 대표되는 후자는 왕조 국가에 걸맞는 왕권 중심의 정치체제를 완성시키고자 하였던 것이다. 두 건국 중심 세력의 동상이몽은 결국 두 세력간의 충돌로 나타났으니, 그것이 바로 '왕자의 난'이라 일컬어지는 두 차례의 정변이었다. 이 정변에서 승리한 것은 모두가 알다시피 왕권 강화 세력이었다.

---

4 『고려사』 권117, 「열전」30, 鄭夢周.

　고려·조선의 왕조 교체와 조선 건국 이후의 어수선한 정국에서 조선 전기의 도학은 두 갈래로 발전하게 되었다. 하나는 왕권에 복무하면서 통치 체제 정비와 그에 대한 도학적 근거 제시에 힘쓴 관료 유학자들이었고, 다른 하나는 조선 개국 후 정치 참여를 거부하고 은거한 길재(吉再, 1353~1419)의 학통을 이은 사림이었다. 이 가운데 권근(權近, 1352~1409)과 같은 사람은 고려와 조선 교체기부터 꾸준하게 승자의 편에 서 온 사람으로서 권력의 중심에 있으면서도 학문적으로도 조선 초에 보기 어려울 정도의 업적을 남기기도 하였다.

　한편 길재로 대표되는 사람들은 지방에서 개인적 도의 실천에 바탕을 두고, 교육 활동을 통해 영향력을 확대해 가고 있었다. 고려의 유신을 자처한 길재는 관직에 나아가지 않음으로서 정몽주를 이어 도학적 절의를 지킨 상징으로 남았다. 길재와 같은 존재는 수성기에 접어든 조선왕조에서도 '충신불사이군(忠臣不事二君)'의 상징적 가치를 지닌 존재로 보아 그 절의를 포장하였다.

　길재는 강학 활동을 주로 하였으므로, 그의 학문적 영향을 받은 제자들 역시 많을 것이지만 그 가운데 김숙자(金叔滋, 1389~1456)가 그의 학통을 이은 학자로 일컬어진다. 그리고 그 학통은 김종직에게 전해진다. 김종직이 부친인 김숙자에게서 학문을 배우고 여러 차례 과거를 보면서 중앙 정계로의 진출을 준비하고 있는 동안, 조선 정국에는 또다시 커다란 변란이 있었다. 조선 전기뿐 아니라 조선왕조를 통틀어 여러 방면에서 가장 안정된 시기였던 세종 대를 지나고 난 후 조선에는 다시 왕실의 변란이 일어났고, 사대부 세계에서는 이로 인하여 다시 정치적 승자와 희생자가 발생하게 되었으니, 계유정란과 세조의 등극, 그리고 그 후에 벌어진 단종 복위 사건 등이 그것이다.

　김종직은 1431년 세종 13년에 태어나 성종 23년 1492년에 죽었으니, 그의 생애는 여섯 임금에 걸쳐 있고, 세조 때 관직에 나아갔으니 세 임금을 모신 것이다. 그의 생애 동안 가장 큰 정치적 변란은 세조가 왕위에 오르는 과정에서 일으킨 계유정란과 세조의 왕위 찬탈이라고 할 수 있다. 계유정란 이후 표면적으로는 선위(禪位)의 형태로 세조가 왕위를 넘겨받았지만 후일 단종 복위 사건이 일어나고, 사육신과 생육신이 나오는 등 세조의 왕위 등극은 그 정당성에 대한 시비에서 자유로울 수가 없었다.

또 예종 즉위년에는 유자광(柳子光, ?~1512)이 남이(南怡, 1441~1468)와 강순(康純, 1390~1468) 등을 역모로 몰아 처형하는 사건이 있었다. 조선 전기에 계속된 이러한 변란들로 정난(靖難)공신, 좌익(佐翼)공신, 익대(翊戴)공신, 좌리(佐理)공신 등 공신 책봉이 이어져 임금은 이들 공신들에게 둘러싸이게 되고, 조정에서 훈구 세력의 힘은 갈수록 커져 갔다.

그런데 김종직은 이러한 정치적인 일들에 대해서는 일언반구도 언급을 하지 않았다. 그의 연보에도 이와 관련된 어떤 기록도 없다. 연보가 단순히 중요한 사건만 나열한 것이 아닌 것을 보면, 이러한 사건들에 대해서 김종직은 별다른 입장 표명을 하지 않은 것으로 보아도 무방할 것이다. 그가 남긴 글에서도 이러한 정치적 사건에 대한 언급은 부정적이든 긍정적이든 아무런 표현도 찾아볼 수가 없다. 그의 연보에는 계유정란이 일어난 단종 원년에 진사시에 합격하고, 태학에 유학하면서 『주역』을 읽으며 성리의 근원을 탐구했다고 되어 있다. 세조 원년에 동당시(東堂試)를 보아 합격하고, 세조 5년 29세 때는 문과에 급제하여 비로소 관직에 진출하였다. 정계 진출을 위한 이러한 과정을 그는 당시의 정치 상황과는 아무런 상관도 없는 사람처럼 차근차근 단계를 밟아 나가고 있는 것이다.

다만 단종이 죽임을 당한 세조 3년에, 후학들에 의해서 세조의 일을 우의적으로 표현했다고 해석된 「조의제문」을 지었다. 그의 연보에 나와 있는 것처럼 그가 「조의제문」을 지은 동기가 된 꿈을 꾸었다고 한 정축년(1457) 10월은 김종직이 거상 중에 있어 움직일 수 없을 때인데, 글의 서문에서, 굳이 단종이 죽은 때인 '정축년 10월'에 "밀성(密城)에서 경산(京山)으로 가는 도중에 답계역(踏溪驛)에서 묵었다"고 한 것을 보면 그가 세조와 단종의 일을 빗대어서 글을 지었다는 것은 분명해 보인다. 이렇게 그 글의 창작 의도가 세조의 일을 비판하는 데 있었다고 하더라도 정작 그 자신은 그 일을 직접적으로 거론한 적은 없었다.

김종직은 당시 중앙 정계에 어떠한 발판도 없는 상태에서 스스로의 힘만으로 관직에 등용되고, 성종의 극진한 총애를 받으며 순탄한 관직 생활을 마친다. 훈구 세력이 포진하고 있는 조정에서 사림 출신으로 이러한 정치적 일생을 보냈다는 것은 그의 처세 방법과 능력을 다시 한 번 생각해 보게 하는 점이다.

2. 조선 도학에서 도의 의미

조선 이전까지의 우리나라나 역대 중국의 역사를 살펴보면 왕조의 교체 과정에는 일정한 패턴이 나타난다. 즉 '지배층의 부패와 국정의 문란－그를 틈탄 외세의 간섭과 침입－백성에 대한 수탈의 심화－수탈의 심화와 장기화로 인한 민생의 피폐－민의 저항 수단으로서의 반란－새로운 지도자의 등장과 활약－신왕조 개창'의 순서가 바로 그것이다. 물론 약간의 차이는 있지만 그 과정은 대체로 대동소이하다. 그러나 조선왕조의 개국은 이러한 패턴에서 조금 벗어나 있다.

즉 위에서 제시한 과정 중에서 민란이라는 과정이 없었던 것이다. 고려 말이 혼란기였고 백성의 생활이 극심하게 피폐해진 것은 사실이지만, 그것이 아직 거국적인 민란으로까지 이어지지는 않았다. 이러한 상황은 당시 고려가 원나라의 지배를 받고 있었다는 것도 한 원인이 될 수가 있다. 고려 왕실은 이미 유명무실한 상태였지만 그 위에 원이라는 강력한 지배 세력이 존재하고 있었기 때문이다.

그 원인이야 어떻든 고려에서 조선으로의 교체는 민란이라는 과정이 없이 지배 계층 내부에서의 권력 투쟁에 의하여 이루어진 것이다. 구왕조에 대한 백성의 저항이 없이 지배 계층을 중심으로 하여 새로운 왕조가 열렸다는 것은 백성에 의한 정권 교체의 정당성 부여라는 중요한 절차가 생략된 것이었고 이는 관점에 따라서는 신왕조의 정통성에 치명적인 약점이 될 수도 있다. 게다가 건국 직후에는 또 형제간의 왕권 다툼이 일어나 '왕자의 난'으로 불리는 정변이 두 차례나 일어난다. 더구나 조선왕조의 개창 세력은 의리 사상을 핵심으로 하는 도학을 개국 이념으로 표방하고 있었다.

조선왕조가 어느 정도의 안정기에 접어든 것은 태종 대에 와서이다. 태종은 개국 과정이나 개국 이후의 정변에서 의리가 아닌 권력을 따라 형제를 비롯한 정적들을 제거하고 왕위에 오른 인물이었다. 그러나 도학적 의리가 포장되기 시작하고 정몽주를 비롯한 절의파 도학자들이 추숭되기 시작한 것도 태종 대이다.

즉 자신의 손으로 제거하여 개국 직후에는 역적으로 불리던 정몽주의 충심과 의리가 거론되기 시작하였고, 길재에 대한 은사가 내린 것도 이때였다. 왕조 개창 과정에서부터 권력 다툼의 중심에 있어 왔던 태종은 권력의 속성을 누구보다 잘 파악하고 있었다. 이런 맥락에서 보면 왕위에 올라 바로 도학적 의리를 내세우고 상징적 인물들을 포장한 것은 그야말로 태종 이방원다운 행동이라고 할 수 있다. 혁명기(革命期)와 수성기(守成期)는 시대가 다르고 그러므로 그 이념 또한 달라야 한다는 것을 태종은 잘 알고 있었던 것이다.

조선의 역사를 살펴보면, 태종의 시기에 따른 목표와 이념 설정은 결국 적중하였다고 생각된다. 이후 조선에서는 태종에 의하여 추숭되기 시작한 정몽주를 시조로 하는 조선 도학의 도통이 형성되었으며, 이들의 학문적 전통을 이은 사대부들이 국정의 핵심 인물이 되었고,

이러한 체계로 5백여 년이라는 유래가 없는 긴 왕조의 역사가 엮어질 수 있었기 때문이다.

장기적으로 보면 신권(臣權)에 대한 왕권(王權)의 우위라는 태종의 또 다른 목적은 이루어지지 못했지만, 왕권과 신권이 밀고 당기며 견제가 이루어져 권력이 균형을 이룰 수 있었고, 이는 왕조의 유지에 긍정적인 역할을 했다고 할 수 있다. 한편 태종에 의하여 그 사상적 정당성을 부여받은 정몽주 계열의 도학자들은 그 세력을 키워 갈 수 있는 바탕을 마련할 수 있었으니 얼마 안 가서 이들은 학문적·정치적 성격을 동시에 가진 사림파라는 세력으로 성장하기 시작한 것이다.

도학이라는 명칭 자체가 내재하고 있는 것이 유학적 도의 실천이고, 도학의 실천성을 이론적으로 뒷받침해 주는 것이 바로 성리학이다. 조선에서 성리학의 발달은 도학이 정치적으로 안정된 이후인 조선 중기 이후에 이르러서야 발전하게 된다. 그러므로 조선 초기 도학은 주로 실천적인 영역에서 발전하였다. 이러한 특징은 도학의 범주를 전통적인 시각으로 사림파에 국한하든, 아니면 관료 유학자에까지 확장하든 동일하게 적용시킬 수 있는 특징이다.

그러나 실천의 경향은 사림파와 관료 유학자들에게서 각각 다르게 나타난다. 즉 정도전, 권근, 조준(趙浚, 1346~1405) 등을 비롯한 조선의 개국이나 체제 안정에 참여한 관료 유학자들이 역성혁명의 정당성을 확보하고 새로운 왕조의 통치 질서를 세우기 위한 작업의 일환으로 정치적 안정과 제도 개혁 등 경세적인 면에 힘을 쏟는 한편 그 이론적 기반으로서의 경전 연구에 힘썼다면, 길재의 학통을 이은 사림파 도학자들은 『소학』을 중심으로 하는 도의 개인적 실천과 교육 활동, 그리고 『주자가례』의 실천을 통한 도학 이념의 보급과 향촌 사회의 교화에 힘을 쏟았다.

사림파 도학자들은 『소학』을 수신서로서뿐만 아니라 후진 양성을 위한 기본 교과서로서 중요시하였다. 이러한 위기지학(爲己之學)적인

학풍은 조선 사림의 조종인 길재에게서부터 나타나기 시작한다. 왕조
교체 과정에서 부정적으로든 긍정적으로든 적극적 역할을 하지 않은
길재는 조선왕조 개창 후 은거를 택함으로써 도의 개인적 실천이라
는 길을 선택했다고 볼 수 있다. 이러한 길재의 행위는 혁명의 불가
피성을 인식하고는 있으나 개인적으로는 불사이군의 의리를 저버릴
수 없었던 도학자의 최선의 선택이라고도 할 수 있을 것이다. 이는
길재가 자신의 아들에게 했다는 말에서 분명히 알 수 있다. 즉 아들
사순(師舜)이 임금의 부름을 받고 서울에 가게 되자 길재는 아들에게
"임금이 먼저 신하를 불러 보는 것은 삼대 이후의 드문 일이니, 너는
마땅히 내가 고려에 쏠리는 그 마음을 본받아 네 조선의 임금을 섬기
도록 하라"[5]고 하였다 한다.

　도의 개인적 실천을 선택한 길재는 『소학』을 행위 기준이자 교과
서로 삼아 후진 양성에 주력하게 된다. 길재가 『소학』에 대해 직접적
으로 언급한 글은 남아 있지 않지만 후학들이 그의 언행에 대하여 기
록한 것을 보면 그의 도학관과 『소학』 중시의 경향을 알 수 있다. 홍
여하(洪汝河)는 「휘찬여사유학전(彙纂麗史儒學傳)」에서 다음과 같이 말
하고 있다.

　　성리의 학을 강명하며 기미를 분석하여 염락(濂洛)의 유지에 합하도록
　　힘썼다. 그 말은 반드시 충효를 주로 하고 이단을 물리치며, 그 가르
　　침은 쇄소응대(灑掃應對)로부터 춤추고 노래 부르는 것에 이르되 등급
　　을 건너뛰지 못하도록 하였다. 학동이 물밀듯이 모여 강하고 외는 소
　　리가 주야로 그치지 않았다. 온 집안이 교화되어 밥 짓는 종들도 시를
　　노래하며 방아를 찧으니 사람들은 정강성(鄭康成)의 고을에 견주었고,
　　학자들은 그를 존경하여 야은(冶隱)선생이라 하였다.[6]

<hr>

5 『세종실록』 1년 기해(1419) 4월 12일, 「고려 문하주서 길재의 졸기」: 君先乎臣 三代
　　以後 蓋罕聞也 汝當効我向高麗之心 事汝朝鮮之主.

또 김종직은 『이준록(彝尊錄)』에서 길재의 교육 방법에 대하여 다음과 같이 말하고 있다.

> 향리의 길재 선생이 고려에 버슬했다 하여 본조(本朝)에서 녹을 받는 것을 사양하고 여러 차례 부름에도 나가지 않고 금오산 아래에 집을 짓고 자제들을 가르치고 있었다. 배우는 아이들이 운집하였는데 그 가르침은 쇄소응대의 절목에서부터 춤추고 노래하는 데까지 이르렀으며 차례를 건너뛰지 못하게 하였다.[7]

위의 두 글에서 길재 교육의 기초로 언급하고 있는 '쇄소응대'란 『소학』의 「소학제사(小學題辭)」에서 주희가 말하고 있는 교육의 기초를 말하는 것이다.[8] 이와 같은 길재의 교육 방법은 고려의 유민(遺民)을 자처하며 은거한 도학자로서 환로를 염두에 두지 않은 수신위본(修身爲本)의 가치관이 드러난 것이다. 길재의 학문에 대하여 후대 학자인 윤봉구(尹鳳九)는 "선생의 학문은 표리가 근실하고 돈독하여 반드시 근본을 우선으로 하고 실질에 힘썼다"[9]고 하였다.

길재의 학풍은 김숙자에게로 이어지고 김숙자는 또 그 학풍을 자신의 아들인 김종직에게 전한다. 김숙자와 김종직에 대해서는 앞으로 자세하게 논할 것이므로 본 절에서는 자세한 논의는 하지 않겠다.

길재에게서 시작되는 조선 사림의 도학 전통은 수신을 근본으로

---

6 『야은집』, 『續集』 권 하, 「彙纂麗史儒學傳」: 講明性理之學 剖析幾微 務契濂洛之旨 其言必主忠孝闢異端 其敎自灑掃應對 以至蹈舞詠歌 不使之躐等 童卯坌集 講誦之聲 晝夜不撤 一家化之 爨婢歌詩相杵 人比鄭公鄕焉 學者尊之曰 冶隱先生.

7 『점필재집』, 「이준록」 하, 「先公事業」 제4: 鄕先生吉公再 以嘗仕高麗辭祿於本朝 累徵不起 卜築金烏山下 敎授子弟 童輩雲集 其敎自灑掃應對之節 以至蹈舞詠歌 不使躐等 公亦往授業焉.

8 『소학』, 「小學題辭」: 小學之方 灑掃應對 入孝出恭 動罔或逾 行有餘力 誦詩讀書 詠歌舞蹈 思罔或逾.

9 『야은집』 『속집』, 권 중, 「百世淸風碑陰記」: 先生爲學 表裏謹篤 必先本而務實.

하고, 그 방법으로는 『소학』을 중심으로 삼았다. 그리하여 조선 전기의 사림파들이 대부분 『소학』을 수신서로 삼아 『소학』은 사림파 도학자의 상징과 같은 위치에 놓이게 되었다. 이러한 학풍은 길재에게서 시작되었지만 그것을 크게 드높이고 전파한 것은 김굉필(金宏弼, 1454~1504)이었다.

김굉필은 특히 『소학』을 중시하여 스스로를 '소학동자(小學童子)'라고 칭하기까지 하였다. 김굉필은 『소학』에서 천기(天機)와 일용(日用)의 도를 다 깨달을 수 있다고 보았다. 더 나아가 김굉필은 『대학』의 팔조목(八條目)을 실현하는 요목도 『소학』에 있다고 생각하였다. 즉 그는 「한빙계(寒氷戒)」에서 '사물에 대응하는 방법'의 하나로 지경존성(持敬存誠)을 말하면서 다음과 같이 경계하고 있다.

이 여덟 가지 요긴한 도리〔八條目〕는 곧 성인(聖人)과 성인이 서로 전한 심법(心法)이므로 마땅히 좌우에 써 두고 『소학』의 「가언(嘉言)」과 「선행(善行)」 편을 참고하여 밤으로 외고 낮으로 보아서 틈이 없이 부지런히 노력하여 이욕(利慾)의 한 근원을 끊으면 만 배의 군사를 쓰는 것과 같은 효과를 얻을 것이다.[10]

여기서 김굉필이 말하는 것은 성인의 심법을 전수하는 데 『소학』이 하나의 방법을 제시해 줄 수 있다는 것이다. 김굉필은 반우형(潘佑亨)에게 「한빙계」를 주면서 "도란 것이 어찌 별다른 것이겠느냐? 아들이 되어서는 마땅히 효도하고, 신하가 되어서는 마땅히 충성할 것이니 나머지도 모두 이를 따라서 행한다면 모든 사물이 일상생활의 당연한 이치가 아님이 없을 뿐이다"[11]라고 하였다 한다. 김굉필이 반

---

10 『景賢錄』, 부록 상, 「寒氷戒」: 凡此八要 卽聖聖相傳之心法也 當題之於左右 參以 小學嘉言善行 夜而誦之 晝而觀之無時間斷 孜孜矻矻 而絶利一源 則用師萬倍矣.
11 『경현록』, 부록 상, 詩, 「哭史禍詩序」: 道豈別樣物子 爲子當孝 爲臣當忠 餘皆倣

우형에게 가르치고자 했던 바가 무엇이었는지를 알 수 있게 해 주는 대목이다. 이러한 일용 생활의 도를 중시하는 김굉필은 사대부가에 가훈이 필요함을 역설하기도 하고, 가범(家範)을 만들어 집안의 노비들에게까지 읽게 하였다.[12] 이와 같이 김굉필은 자신의 일상생활에서나 후학들을 가르칠 때에나 『소학』의 종지인 일상생활의 도를 위주로 하였던 것이다.

이황(李滉, 1501~1570)은 『소학』의 학문적 중요성과 『소학』에 대한 김굉필의 공에 대하여 경연에서 선조에게 다음과 같이 말하였다.

> 옛날 사람들은 먼저 『소학』을 읽어서 본바탕을 함양했기 때문에 『대학』에서 먼저 격물치지를 말한 것입니다. 후세 사람들은 『소학』을 읽지 않기 때문에 학문에 근본이 없어 격물치지의 공효를 알지 못합니다. 『소학』은 비단 나이가 어린 사람들뿐만 아니라 장성한 사람들도 읽어야 할 책입니다. 『소학』이 우리나라에 유포된 지 오래인데도 대의를 아는 사람이 없었는데 김굉필이 학도들을 모아 놓고 해석해 밝힘으로써 그 책이 세상에 크게 유행하게 되었습니다. 그리하여 기묘년에 이르러서는 사람들이 모두들 『소학』을 근본으로 여겼는데 불행하게도 현인과 군자들이 죄의 그물에 빠지게 되었기 때문에 지금 민간에서는 『소학』을 읽는 사람이 없으니, 이것은 교화가 밝지 못해서 그렇게 된 것입니다.[13]

이렇게 『소학』의 도를 선양한 김굉필에 대하여 이황은 "위기지학(爲

此做去 則事事物物 無非日用當然之理而已.

12 『경현록』, 『경현속록보유』 하, 旅軒 張顯光, 「神道碑銘」.

13 『선조실록』 즉위년 정묘(1567) 11월 4일: 古人先讀小學 涵養本源 故大學先言格物致知 後人不讀小學 故學問無根本 不能知格致之功 小學非但年少所讀 長成之人亦可讀也 小學之書 流布東土已久 而人無能知其大義 有金宏弼聚徒講明其書 大行於世 至於己卯年 人皆以小學爲本 不幸賢人君子 陷於罪網 至今閭巷之間 無讀小學之人 此教化不明之致也.

己之學)을 오로지 일삼고 진실로 실천하는 학문을 한 사람은 오직 한훤
(寒暄)이 그러하였다"[14]고 하였다. 후학들 또한 김굉필의 이러한 『소학』
사상에 대하여 논의하며, 김굉필을 말할 때에는 반드시 『소학』을 언급
하고 있다. 양대봉(楊大峯)은 「방김대유유거(訪金大猷幽居)」라는 시에서
김굉필을 "점필재 문하의 선비요, 『소학』 중의 사람"[15]이라고 불렀다.

이러한 『소학』 중심의 실천성을 전수한 조광조(趙光祖, 1482~1519) 역
시 『소학』을 학문의 근간으로 여기고 임금에게도 『소학』의 중요성을
아뢰고 있다. 조광조의 『소학』적 도의 천명은 김굉필을 문묘에 종사
할 것을 중종에게 아뢰는 그의 다음과 같은 말에 잘 나타나 있다.

『소학』은 인륜에 날마다 쓰이는 일이 구비되어, 교도(敎道)하고 권면
하여 나아가게 하는 방법으로는 이 책보다 나은 것이 없는데, 근래 습
속이 투박하여 전혀 이것을 읽지 않고, 이따금 이것을 배우는 자가 있
더라도 부형이 다들 화근이 된다고 생각하여 말리니, 『소학』이 훌륭한
책이라는 것을 모르지는 않으나 반드시 말리려는 까닭은 세상에 용납
되지 못할 것이라고 생각하기 때문입니다. 오늘날의 재상들이 한번 폐
조를 겪은 뒤로는 다 한때의 안일만을 취하고자 하는 마음을 품어, 자
제를 가르칠 때에는 반드시 습속에 거스르는 일을 하지 말라고 하니,
기상이 날로 흩어져서 다시는 떨치지 않았으나, 근년 이후로 사습(士
習)이 조금 흥기하여 가는데, 만약에 사표가 될 사람이 그 사이에서
나와서 교도하는 방도를 극진히 한다면 어찌 아름답지 않겠습니까?[16]

---

14 『경현록』, 속록 하, 「師友門人錄」: 求其專事爲己 直以眞踐實履爲學者 惟寒暄爲然.

15 『경현록』, 부록 상, 「訪金大猷幽居」: 瀟灑占居僻 幽潛味道眞 畢齋門下士 小學卷
中人 暇日來尋地 薰風坐襲春 懃懃荷警發 愧我尙迷津.

16 『중종실록』 12년 정축(1517) 8월 8일: 小學之書 人倫日用之事具備 而誘掖勸進之
道 無踰于此書 近來習俗儉薄 專不讀之間 有學之者 父兄皆以爲禍胎而沮之 非
不知小學之爲美 而必止之者 恐不得見容於世也 今之宰相 一經廢朝之後 皆懷姑
息之心 敎子弟必曰 勿爲忤俗之事 氣象日至於渙散 而不復振矣 自近年以後 士
習稍稍興起 而若有師表之 出於其間 極盡誘掖之方 則豈不美哉.

　　여기에서 조광조는 『소학』이 '교도하고 권면하여 나아가게' 하는
데 좋은 책이라고 하여 교육서로서의 『소학』의 중요성을 강조하고
있다. 도학을 전수하는 데 가장 적절한 책이라는 것이다. 이 글에서
는 또 무오·갑자사화 이후 학자들의 사기가 얼마나 떨어져 있었는지
를 잘 알 수 있다. 『소학』 위주의 수신을 중시하는 사람들이 두 차례
의 사화에서 화를 당하고 난 후 『소학』을 공부하는 것조차 말리는 상
황이 당시의 분위기를 대변해 주는 것이다. 이러한 상태에서 조광조
는 도학을 일으키는 것을 자신의 임무로 삼았다. 그리하여 이황은 조
광조의 학문을 "『소학』을 돈독하게 믿고 『근사록』을 존숭하였으며
여러 경전의 뜻을 발휘하였다"[17]고 말하고 있다.

　　조선 전기 사림파들이 『소학』적 실천을 중시한 것은 그 책의 성격
때문이다. 『소학』을 편찬한 주희는 실천 교육의 중요성을 다음과 같
이 기술하고 있다.

　　　옛날에 소학에서는 물 뿌리고 쓸며, 응대하고, 나아가고 물러가며, 어
　　　버이를 친히 하고 어른을 공경하며, 스승을 높이고 벗을 친히 하는 도
　　　를 가르쳤으니, 이것들이 모두 몸을 수양하고 집안을 돌보고 나라를
　　　다스리며 천하를 태평하게 하는 근본이 되기 때문이었다.[18]

　　　옛날 사람은 소학에서 일로써 가르쳤으니, 곧 스스로 자신의 마음을
　　　기를 수 있었다. 이렇게 하여 알지 못하는 사이에 스스로 좋아지게 하
　　　였다. 점점 자라고 점점 경력을 쌓아 감에 따라 사물에 통달하게 되고
　　　할 수 없는 것이 없게 되었다. 지금 사람들은 본령이 없이 다만 한가
　　　하게 골동만을 알려고 백방으로 사색하여 도리어 마음을 해친다.[19]

---

17 『정암집』, 부록 권6, 「行狀」: 其爲學也 篤信小學 尊尙近思 而發揮於諸經傳.
18 『소학』, 「小學書題」: 古者小學 敎人以灑掃應對進退之節 愛親敬長 隆師親友之
　　道 皆所以爲修身齊家治國平天下之本.

여기서 주희는 어린 시절의 가장 사소하면서도 생활의 기본이 되는 교육이 수신에서 평천하(平天下)에 이르는 군자, 또는 성현으로서의 도를 실천하기 위한 바탕이 된다고 하여, 어린 시절의 교육, 특히 실천적 교육의 중요성을 역설하고 있다. 즉『소학』은 군자로서의 학을 닦아 나가기 위한 가장 기본적이고 기초적인 교육의 교과서인 것이다.

『소학』 중심의 수신 위주의 학풍은 길재에게서부터 나타났는데, 고려의 유민을 자처하며 권력과의 거리를 유지한 채 벼슬할 마음이 없었던 길재가 도의 개인적 실천에 역점을 둔 것은 당연한 것이었다. 그러나 길재의 학풍은 제자들에게 이어져 적극적으로 관직에 몸담았던 김숙자나 김종직에게서도 같은 양상으로 나타나고 김종직 이후 김굉필에게서는 이러한 특징이 더욱 두드러지게 된다.

이러한 점에서 보자면 조선 전기 사림파에게서 도라는 것은 바로 도의 개인적 실천을 의미하는 것이라고 하겠다. 물론『소학』적 실천에서『대학』적 도로 그 실천 영역을 확장시키는 것이 유학의 궁극적 목적이다. 그러나 초기 사림파들은 지속적으로『소학』 중심적 가치를 강조하는 모습을 보인다. 이는 왕권과 밀접한 관계에서 권력을 잡고 있었던 훈구 세력들에 대한 도학적 자부심의 표현이라고 할 수도 있다. 즉 조선 초기에 권력을 쥐고 있던 상당수의 훈구 세력을 비롯한 관료 유학자들은 고려에서도 관직에 있던 사람들이거나 그들의 후손이었다. 그러므로 이들과의 차별성, 이들과 대비되는 도덕적 우월성에 대한 인식의 반영이라고 할 수 있다는 것이다. 더구나 이러한 도덕적 우월성은 정몽주와 길재의 절의에 대한 포장을 통하여 정권에 의해 인정을 받고 있던 상황이었다. 이렇게 길재에게서 비롯된 개인

19『주자어류』권7, 學1, 小學: 古人小學教之以事 便自養得他心 不知不覺自好了 到得漸長漸更歷 通達事物 將無所不能 今人旣無本領 只去理會許多閑汨董 百方措置思索 反以害心.

적 도의 실천과 그 근거로서의 『소학』 중시의 학풍은 그 제자들에게
로 이어져 사림파의 학문적 상징으로 자리잡게 되는 것이다.

3. 사림의 형성

도학을 수용한 사대부와 무인 세력의 연합에 의하여 건국된 조선
은 건국 직후 사대부 세력과 왕권 세력 간에 다툼이 일어나게 된다.
그것은 사대부 중심의 도학 정치를 이상으로 하는 정도전과 왕권 강
화를 시도하는 이방원 간의 세력 다툼으로 노골화되었다.

도학 사상을 받아들여 그것으로 말기적 증상을 나타내고 있던 고
려를 개혁하고자 했던 시도가 실패로 돌아간 이후 사대부 계층은 둘
로 나뉘게 되었다. 고려 왕실의 수호를 전제로 하여 계속적인 개혁을
추진하려는 쪽과 고려의 개혁 가능성에 부정적인 시각을 가지고 신
왕조 개창을 추진하는 세력이 그것이다.

그러나 이 두 세력이 처음부터 이렇게 각자 다른 방향을 향하여
걸었던 것은 아니다. 전자를 대표하는 사대부가 정몽주라면 후자를
대표하는 사대부는 정도전이라고 할 수 있다. 정몽주와 정도전은 정
치적·학문적인 면을 비롯하여 여러 면에서 유사점을 가지고 있었고,
개인적·학문적으로도 연관되어 있던 사람들이었다.

다음과 같은 정도전의 말은 정몽주와 정도전 두 사람의 관계를 짐
작할 수 있게 한다.

> 하루는 여강(驪江) 민자복(閔子復)이 나에게 말하기를 "내가 정달가(鄭
> 達可) 선생을 뵈었는데, 선생이 사장(詞章)은 말단의 기예일 뿐이고, 심
> 신의 학문이라고 하는 것이 있는데 그 설이 『대학』과 『중용』 두 책에
> 갖추어져 있다고 하였다. 지금 이순경(李順卿)과 함께 두 책을 가지고

삼각산의 절에 들어가 그것을 강구하고 있는데, 그대는 이것을 아는 가?"라고 하였다. 나는 그 말을 듣고 그 두 책을 구하여 읽었다. 비록 그 뜻을 다 파악하지는 못하였으나 자못 기뻤다……. 내가 자주 가서 뵈었는데 더불어 이야기하기를 평소 알던 사람과 같이 하시고 드디어 가르침을 주어서 날마다 전에 듣지 못한 바를 들었다.[20]

정도전은 고려 말 정몽주를 통하여 도학을 접하고 익혔으며 도학 사상을 바탕으로 하여 당시 정세에 대처하는 것에서는 그와 뜻을 같이 하였다. 즉 정몽주와 정도전은 친명반원책을 적극적으로 주장하고, 위조(僞朝)를 바로잡는다는 명분으로 창왕(昌王)을 폐하고 공양왕(恭讓王)을 옹립하는 등의 일에 있어서 행동을 함께하였던 것이다. 정도전은 또 정몽주와 함께 당시의 성균관 유생들을 비롯한 도학자들에게 많은 지지를 받고 있었다. 그러나 정몽주와 정도전의 동행은 여기까지였다. 즉 도학이라는 수단으로 고려 말의 위급한 현실을 개혁하고자 하는 목적은 같았으나 어떻게 어디까지 개혁할 것인가에 있어서는 다른 길을 선택하게 된 것이다.

당시 중국에서는 고려의 지배층인 권문세가의 배경이 되었던 원이 명에 의하여 밀려나고 있던 시기였다. 이러한 국제적 정치 환경은 구체제하에서 그 부당함을 절감하고 있던 계층에게는 절호의 기회였다. 그러나 그 기회를 어떻게 이용할 것인가는 별개의 문제였다. 즉 정몽주를 비롯한 강상파(綱常派)는 고려 왕실을 유지하는 한계 안에서 새롭게 등장하는 명의 세력을 이용하여 친원 세력을 중심으로 하는 기득권 세력에 대항하여 개혁을 펼치려 하였고, 정도전과 같은 혁명파

---

20 『삼봉집』 권3, 序, 「圃隱奉使藁序」: 道傳十六七 習聲律爲對偶語 一日驪江閔子 復謂道傳曰 吾見鄭先生達可 曰詞章末藝耳 有所謂身心之學 其說具大學中庸二書 今與李順卿 携二書往于三角山僧舍 講究之 予知之乎 予旣聞之 求二書以讀 雖未有得 頗自喜……予亟往謁 則與語如平生 遂賜之敎 日聞所未聞.

(革命派)는 당시 급부상하고 있던 이성계를 중심으로 하는 무인 세력과 손잡고 왕조 자체를 교체하려는 데까지 나아갔던 것이다.

다음과 같은 정도전의 말은 혁명파가 당시 고려 말의 현실을 어떻게 인식하고 있었는지를 분명하게 나타낸다.

> 공훈이 있는 신하들을 멀리하고 미워하며, 충신들을 모함하고 해를 입히니 정사는 어지러워지고 인심이 스스로 떠나갔으며, 천명도 떠나갔다. 이로써 임금의 존귀함은 필부와 같이 멀어져 왕씨의 사직이 다했으니 슬프다.[21]

천명이 떠나가고, 왕씨의 사직이 다했다는 것은 결국 고려의 멸망을 선언하는 것과 같은 말이다. 정도전을 비롯한 혁명파가 보기에 고려는 이미 천명이 다하였으므로 새로운 천명의 소재를 찾아 새 왕조가 들어서는 것이 바로 천명을 따르는 것이었다. 결국 혁명파 사대부들은 왜구와 여진족 등 이민족의 침입으로 그 세력이 막강해져 있던 이성계 중심의 무인 세력과 연합함으로써 왕조 교체를 성공적으로 이루었고, 정도전은 조선왕조 건립 후에 일등 공신으로 문하시랑찬성사겸판상서사사(門下侍郞贊成事兼判尙瑞司事), 판삼사사겸판삼군부사(判三司事兼判三軍府事), 삼도도통사(三道都統使)로 개국 일등 공신에 오르게 되었다.[22]

신왕조 개창 후 그는 『불씨잡변(佛氏雜辨)』을 저술하여 도학 수용 이후의 배불론을 정리·완성하고, 『조선경국전(朝鮮經國典)』, 『경제문감(經濟文鑑)』 등을 저술하여 도학 정치 실현을 위한 제도 개혁론을 펼쳤을 뿐만 아니라 『진도(陣圖)』 등을 저술하는 등 군사력 강화에도 노력하였다. 정도전이 행한 이러한 일들은 건국 후 미처 안정되지 않

---

21 『삼봉집』 권12, 「經濟文鑑別集」 下, 高麗國, 恭讓王: 踈忌元勳 陷害忠良 政事悖亂 人心自離 天命自去 以國君之尊 爲匹夫之奔 而王氏之祀忽諸 悲夫.
22 『태조실록』 7년 무인(1398) 8월 26일.

았던 정치를 안정시키고 도학 이념에 따른 정치제도를 설립하는 데
큰 공헌을 하였다.

정도전의 도학에 대한 해박한 지식과 도학 이념에 따른 개혁 의지
는 조선왕조 개창 과정에서 중요한 역할을 담당하였다. 그러나 혁명
이 성공하고 나서도 계속되는 그의 개혁에의 열정과, 재상과 간관의
역할을 부각시키는 사대부 중심의 도학 정치론은 왕권을 강화하여
왕실의 권위를 세우려는 왕실 세력들에게는 걸림돌로 인식될 수밖에
없었다. 그리하여 그는 결국 제거되었고, 조선왕조의 역사에서만이
아니라 도학사에서도 불명예를 당해야 했던 것이다.[23]

반면 왕조 교체 과정에서 제거되어 조선왕조의 역적으로 불렸던
정몽주는 조선 왕실이 왕권과 사직의 수호를 우선시하는 수성기(守成
期)에 접어들어서는 한 임금에 대한 충절이라는 그의 덕목이 하루아
침에 충신으로 포장되었고 중종 대에 이르면 조선 도학의 시조로 문
묘에 종사된다. 또 정몽주의 뒤를 이어 절의 정신을 지키려는 길재
등의 도학자들 역시 정몽주와 같이 조선 도학 도통의 윗자리를 차지
하게 되는 것이다.

정몽주가 국내 도학자들의 도통론에서 일컬어지기 시작한 것은 고
려 말부터였다. 정몽주의 스승이었던 이색(李穡, 1328~1396)은 도통에
관한 분명한 의식을 가지고 중국 도학의 도통에 대하여 언급하였
고,[24] 정몽주에 대해서는 "도의 실마리를 염락(濂洛)의 근원에서 잇고

---

23 『태조실록』 7년 무인(1398) 8월 26일 조에서는 "然以量狹多忌且怯 必欲害其勝己 報
其宿憾 每勸上殺人立威 上皆不聽 所撰高麗史 恭愍以後筆削多 不以實 識者非之
初道傳師事韓山李穡 與烏川鄭夢周星山李崇仁爲友 情好實深 後欲納交趙浚 讒
毁三人 以成仇怨"고 하여 그의 인격에 대해서까지 폄하하고 있고, 『정종실록』 정종
1년 3월 13일 조에는 그를 '간신'이라고 칭하고 있다.
24 『牧隱藁』, 文藁 권9, 序, 「選粹集序」: 孔氏調術堯舜 憲章文武 刪詩書 正禮樂 出
政治 正性情 以一風俗 以立萬世太平之本 所謂生民以來 未有盛於夫子者 詎不
信 然中灰於秦 僅出孔壁 詩書道缺 泯泯梦梦 至于唐韓愈氏 獨知尊孔氏 文章遂
變 然於原道一篇 足以見其得失矣 宋之世 宗韓氏學古文者 歐公數人而已 至於

여러 학자들을 시서(詩書)의 동산으로 이끌었다"[25]고 하여 중국 도학의 도통을 우리나라에서는 정몽주가 이어받았다고 하였다. 스승인 이색이 이렇게까지 정몽주를 평가한 것을 보면 당시 정몽주의 도학적 위치를 짐작할 수가 있다.

고려 말 정몽주의 학문적·정치적 위치를 알 수 있게 하는 또 하나의 자료가 공양왕이 정몽주에게 내린 교시이다. 공양왕은 즉위 후 정몽주에게 교시를 내려 다음과 같이 말하고 있다.

> 천리(天理)와 인사(人事)에 통달하고 제왕을 도울 만한 재능을 가졌으며, 과거에 응시하여 연이어 장원을 하였으며, 여묘(廬墓)하여 효성을 다하였다……. 선왕(先王)은 임용하여 사륜(絲綸)을 맡겼고, 후생들은 경모(景慕)하여 북두(北斗)와 같이 우러러보고 있다. 염락(濂洛)의 도(道)를 창명하고 불노(佛老)의 말을 배척하였으며, 강론은 오직 정밀하고 깊어 성인의 깊은 뜻을 얻었으며, 가르치기에 게으르지 않아 많은 인재가 나왔다. 덕망은 이로 인하여 더욱 높아졌고, 명성은 이로써 크게 떨쳤다.[26]

고려 말에 이미 이와 같은 위치에 있었던 정몽주는 왕조가 바뀐 이후에도, 자신의 목숨을 걸고 반대했던 조선의 권력자들에 의하여 도학의 영원한 종장으로 자리매김되어, 조선의 도학을 말할 때는 항상 그의 이름을 가장 먼저 부르게 된 것이다. 결국 기울어져 가는 고

講明鄒魯之學 黜二氏詔萬世 周程之功也 宋社旣屋 其說北流 魯齋許先生用其學 相世祖 中統至元之治 胥此焉出.

25 『목은고』, 문고 권5, 記, 「圃隱齋記」: 烏川鄭達可 歌鹿鳴而賁丘園之束帛 擢壯元 而擅文苑之英華 續道緒於濂洛之源 引諸生於詩書之囿.

26 『고려사』 권117, 「열전」30, 鄭夢周: 先王任用而俾掌絲綸 後生景慕而如仰山斗 倡 鳴濂洛之道 排斥佛老之言 講論惟精深 得聖賢之奧 敎誨不倦 蔚有人材之興 德 望由是而益崇 聲名以之而大振.

려왕조를 도학 이념으로 부흥시키려 한 정몽주의 이상은 좌절되었지만, 도학적 이념에 철저하고자 한 그의 절의 정신은 조선을 이끌어간 사림파 도학자들에게 계승되었다.

고려 말부터 조선 건국 후, 그리고 조선 전기를 지나 이황과 이이(李珥, 1536~1584)가 나와 조선 도학의 성리론이 만개하기까지 주희의 학문을 받아들여 연구하고 그것을 정치에 적용한 수많은 학자들이 있었음에도 불구하고, 조선 전기의 유학에 대한 연구는 이들 사림파를 중심으로 이루어져 왔다. 그리고 심지어는 이들 이외에는 도학자가 없었던 것처럼 은연중 인식되어 조선의 도통론이 형성되었다.

도학 이념에 의하여 건국된 조선에서 도통론은, 건국의 주도 세력이 아니라 건국 반대 세력의 학통을 이은 사림파의 학문적·이념적 정통성을 확인하는 작업으로 이용되는 양상이 나타난다. 그러므로 조선의 도통론은 정몽주에게서 시작하여 사림파의 도덕적·정치적 명분론이 현실적으로 우위를 확보하는 조광조까지 언급되는 것이 보통이다. 그리고 이 도통론이 완성된 형태로 나타난 것은 사림파의 정치적 위상이 확고해지는 선조 대에 이르러서였다.

도학 도입 초기 도통 계승자로 추앙되었던 정도전과 정몽주 두 사람의 입지는 조선왕조의 개창 이후 완전히 달라져 정도전은 조선 말 고종 대에 대원군에 의하여 복권될 때까지 역적으로 남아 있었고, 정몽주는 왕실과 사림 모두에서 만고의 충신이자 도통 계승자로서의 확고한 위치를 다지게 되는 것이다.

정몽주를 연원으로 하는 조선 도통론이 본격적으로 언급되기 시작한 것은 중종 대에 이르러서였다. 반정으로 왕위에 오른 중종은 반정의 정당성을 확보할 필요가 있었고, 이는 연산군 대에 일어난 사화의 희생자들을 신원·복권하는 형태로 나타났다. 중종 대에 조광조가 정계에 진출하여 연산군 대에 일어난 두 차례의 사화에서 희생당한 김종직과 김굉필 등을 신원하고 추증할 것을 논하는 과정에서 이들 사림파의 학문의 연원인 길재와 정몽주 또한 포장되었다. 정몽주는 중종 12년(1517)에 문묘에 종사됨으로써 그의 절의 정신과 조선의 도학의 연원으로서의 그의 지위가 공식적으로 인정받게 된다. 조광조는 자신의 스승인 김굉필의 학문적 연원과 정통성을 역설하면서 다음과 같이 말하였다.

> 김종직은 처음 길재에게 수업하였으니, 길재는 곧 정몽주의 문인입니다. 그러니 종직이 전업(傳業)한 연원은 실로 그 근원이 있는 것입니다. 지금에 와서 조금이라도 선행을 할 줄 아는 자는 그의 문하에서 수업한 사람들입니다. 그 당시 선한 사람들끼리 서로 어울리므로 자연히 도가 같아져 서로 추천한 것은 당연한 것인데, 이승건(李承健)은 쓰기를 "서로 추천하며 하나의 당(黨)을 만든다"고 하였으니, 자신의 영리를 일삼는 것을 목적으로 하여 서로 무리를 짓는 것을 당이라고 할 수 있겠으나, 김종직 같은 무리는 공평한 마음으로 협력하며 더불어 선행을 하려 했는데, 승건이 이와 같이 썼으니 통탄할 일입니다.[27]

조광조의 이 말은 김굉필과 그의 스승인 김종직의 학문의 연원이 당시 이미 문묘에 종사되어 있던 정몽주에게 있음을 말하여 김굉필 도학의 정당성을 주장하기 위한 것이다.

이 말은 당시에 이미 조광조가 정몽주에서 김굉필에 이르는 조선 도학의 도통을 설정하고 있음을 나타내는 것이다. 조광조의 주장은 결국 광해군 2년에 김굉필을 비롯한 정여창·이언적·이황과 함께 그 자신 문묘에 종사됨으로써 관철되었다고 할 수 있다.[28] 이후 정몽주

---

27 『중종실록』13년 무인(1518) 4월 28일: 金宗直初受業於吉再 再卽鄭夢周之文人也 宗職傳業淵源固有自矣 在今稍知爲善者 受業於其門者也 其時善人以類相從 自然道同互爲推薦固也 而承健書曰 吹噓自作一黨 所謂黨者 營身謀利 相與爲徒則 曰黨可也 如金宗直之徒 公心協力 相與爲善 而承健所書如此 痛矣.
28 『광해군일기』2년 경술(1610) 9월 5일.

에서 조광조에 이르는 조선 도학의 도통은 기대승(奇大升, 1527~1572)에 의하여 체계화되었다. 기대승은 조선의 도의 수수 과정에 대하여 다음과 같이 말하였다.

> 우리나라의 학문은 기자(箕子) 시대의 일은 서적이 없어서 고증하기가 어렵고 삼국시대에는 천성이 빼어난 사람이 더러 있었지만 학문의 공이 없었고, 고려시대에는 비록 학문을 했다 해도 다만 문장을 주로 하였다. 고려 말에 이르러 우탁(禹倬), 정몽주가 난 뒤에야 비로소 성리의 학이 있음을 알았을 뿐이다. 우리 세종조에 이르러 예악과 문물이 찬란히 일신하였다. 우리나라의 학문에 대하여 서로 전해진 순서를 따지자면 정몽주로 우리나라 성리학의 시조를 삼아 마땅하다. 길재는 몽주에게 배웠고, 김숙자는 길재에게 배웠고, 김종직은 숙자에게 배웠고, 김굉필은 종직에게 배웠고, 조광조는 굉필에게 배웠으니 각자가 원류가 있는 것이다.[29]

사림파 중심의 조선 도통에 대한 언급은 이렇게 조광조에서부터 시작되어 기대승에 이르러 '정몽주-길재-김숙자-김종직-김굉필-조광조'로 정리되어 후학들에게 이어진다. 또 이들 가운데 정몽주와 김굉필·정여창과 조광조가 문묘에 종사됨으로써 사림파 중심의 조선 도통은 거의 불변의 것으로 여겨지게 되었다.

고려 말 원의 지배하에 있는 상황에서 도학은, 도입된 후부터 당시의 부조리한 상황을 개선하고자 하는 일단의 사대부들에게 개혁의

---

29 『정암집』, 부록 권1, 「事實」: 我國學問 箕子時事 則無書籍難考 三國時 天性雖有粹美 而未有學問之功 高麗時 雖爲學問 只主詞華 至麗末禹倬鄭夢周後 始知有性理之學 及至我世宗朝 禮樂文物 煥然一新 以東方學問相傳之次言之 則以夢周爲東方理學之祖 吉再學於夢周 金叔滋學於吉再 金宗直學於叔滋 金宏弼學於宗直 趙光祖學於宏弼 自有源流也.

이념으로 받아들여졌다. 그런데 다시 이들 사이에 혁명과 왕조의 수호라는 다른 목표가 생기고, 이들 가운데 결국 혁명 세력의 뜻이 관철되어 조선이 건국되었다. 조선 건국 후 정도전으로 대표되는 관료 중심의 도학 정치 체제를 건설하고자 했던 사대부들이 왕조 수성의 논리에 의해 제거되고, 반면에 혁명의 과정에서 제거되었던 정몽주의 절의가 포장되었다. 그 후 정몽주의 절의 정신을 계승했다고 자처하는 일단의 도학자들이 도덕적 정당성을 인정받게 되면서 조선의 사림이 형성된 것이다.

조선의 도통이 의리를 중심으로 하여 형성된 것이라면 여기에서 언급하고 있는 인물들을 '의리'라는 개념으로 묶어 낼 수가 있어야 한다. 이러한 관점에서 이들의 행적과 그들에 대한 후대인들의 평가를 살펴볼 때 가장 논란이 많은 인물이 바로 김종직이다.

고려 말에서 조선으로 이어지는 정몽주와 정도전, 이방원과 정몽주, 정도전과 이방원의 관계를 축으로 하여 그들의 갈등과 부침을 역사적인 측면에서 관찰해 보면 역사는 결코 권력의 편도, 승자의 편도 아니라는 생각을 버릴 수가 없다. 역사를 기록할 힘을 얻는 자는 승자이지만, 장기적인 관점에서 보면 그 기록된 역사에 대한 해석은 권력자의 의도대로 되지 않기 때문이다.

제3장 김종직의 생애

1. 부친 김숙자(金叔滋)

김종직은 1431년(세종 13년)에 밀양(密陽) 대동리(大洞里)에서 태어났다. 부친은 김숙자이고, 어머니는 중직대부(中直大夫) 사재감정(司宰監正) 박홍신(朴弘信)의 딸인 밀양 박씨였다.

김종직이 편찬한 『이준록(彝尊錄)』에 따르면 김종직의 집안은 멀리 김알지에 그 근원이 있으며, 고려 말부터 선산(善山)을 근거지로 하여 지방 향리의 일을 보았던 것으로 되어 있다. 부친인 김숙자에 이르기까지 그의 집안에는 벼슬한 사람이나 학문으로 이름을 떨친 사람이 매우 드물었다. 김종직 자신도 이렇게 한탄하고 있을 정도다.

> 아, 우리 김씨는 고려 때부터 백성들 사이에 섞여서 산 지 매우 오래되었다. 그러다가 양온공이 떨쳐 일어난 이후로 지금 오세(五世)에 이르렀는데, 보도(譜圖)에 든 사람은 마치 새벽별처럼 아주 드물고, 또 과거에 합격하여 출신(出身)한 사람은 겨우 우리 집의 두어 사람뿐이요, 아직도 가세가 크게 드러나지 못하고 있으니, 혹 기다림이 있어서 그런 것인가? 어찌하여 하늘이 우리 집안에 이토록 인색하단 말인가?[1]

이렇게 드러날 것 없는 집안에서 과거에 급제하여 문명을 드러내

---

[1] 『점필재집』, 『이준록』 상, 「先公譜圖」 제1: 嗚呼 我金氏 自高麗時 淪於民伍者甚久 良醞公振起以後 逮今五葉矣 而入譜圖者 落落如晨星 且以科第出身者 纔吾家數人而已 尙未至於碩大顯隆 其有待也歟 何天之慳嗇若是耶.

김종직 생가

고 한직이나마 등용되기 시작한 것은 김종직의 부친인 김숙자 때부터였다. 김종직의 부친은 휘는 숙자(叔滋)이고 자는 자배(子培)이며, 초휘(初諱)는 자(滋)였는데, 사마시(司馬試)에 합격한 뒤에 숙(叔) 자를 더했다고 한다. 강호선생(江湖先生)으로 불렸다.

김숙자는 26세 때인 1414년에 사마시에 이등(二等)의 제이인(第二人)으로 합격하여 태학(太學)에 들어갔다. 그리고 1417년에 성균시(成均試)의 제일인(第一人)으로 합격하였다. 다음해에는 부친의 명으로 처 한씨(韓氏)를 친정으로 돌려보냈다. 31세 때인 세종 원년 1419년에는 식년시(式年試)에서 병과(丙科) 제일인으로 급제하여, 장사랑(將仕郎)에 제수되고 권지성균학유(權知成均學諭)가 되어 선산으로 돌아와서 영친연(榮親宴)을 거행하였다. 그리고 다음해인 1420년에 김종직의 모친인 박씨를 밀양에서 맞이하였다.

김숙자는 박씨와의 결혼과 함께 처가가 있는 밀양으로 옮겨 살았는데, 장인인 박홍신이 세종의 명으로 대마도 정벌에 나섰다가 죽고

난 후 무남독녀였던 그 아내가 재산을 상속받았다. 그리하여 김종직은 외가가 있는 밀양에서 나고 자랐다.

그런데 김숙자가 부친의 명에 따라서 본처인 한씨를 내친 일은 그의 생애 전반에 걸쳐 영향을 미치게 된다. 『이준록』의 기록에 따르면 김숙자는 처음에는 곡산인(谷山人) 한변(韓變)의 딸에게 장가들어 2남 1녀를 두었는데, 그 부친인 진사공(進士公)의 명에 따라서 한씨를 내치고, 다시 밀양의 박홍신의 딸에게 장가를 들어 김종직을 비롯한 3남과 2녀를 두었다는 것이다. 김숙자가 첫째 부인인 한씨를 내친 명확한 이유는 알 수 없다. 『이준록』의 「선공기년」에는 "진사공의 명에 따라 한씨를 친정으로 돌려보냈다"고 기록되어 있고, 「선공사업」에는 보다 자세하게 기록되어 있는데, 한씨를 아내로 맞아들이고 또 내친 일의 전말은 다음과 같이 기록되어 있다.

선공의 전취(前娶) 한씨는 선산의 동장(東場) 사람 한변의 딸이다. 처음에 채녀사(采女使)가 명(明)나라로부터 와서 시골 백성들의 딸까지 모두 채택해 감으로써 주리(州里)가 소란스러웠다. 그러자 한변이 그 채택될 때를 염려하였으나 관부(官府)의 출입(出入)에 어려움이 있어, 날마다 사재공(司宰公)에게 찾아와서 선공을 받들어 혼인하기를 간청하여 그 뽑혀 가는 것을 면하려고 하였다. 그런데 사재공은 이미 연로한데다 인자한 마음이 있어 그의 뜻을 불쌍히 여긴 나머지, 은밀히 이를 승낙하였다. 공은 이때 관례(冠禮)도 하기 전이었는데, 다른 일로 속이고 목욕을 시켜 머리를 묶게 하자, 공은 울면서 어찌할 바를 모르고 육례(六禮)도 갖추지 못한 채 그 집에 갔다. 그런데 그 집은 본디 분제(分制)가 없었고, 또 부도(婦道)도 닦지 못했던 것이다.[2]

---

2 『점필재집』, 『이준록』 하, 「先公事業」 제4: 先公前娶韓氏 善山東場人韓變之女也
初 采女使自大明來 採及鄕村百姓之家 州里騷然 變慮其采擇時 官府出入之難
日來懇于司宰公 請奉公以婚 庶幾免搜括 司宰公時旣老 有慈心 憐其意 陰許之
公未冠 誑以他事 沐而束髮 公泣不知所爲 不備六禮而如其家 其家素無分制 又

48

그 후 무술년에 우리 왕부(王父) 진사공이 어떤 일로 부정(府庭)에 들어가니, 마침 신운경(申云慶)이라 칭하는 자가 관에서 한변과 쟁송을 하면서 한변을 가리켜 우리와 신분을 같이할 수 없다고 말하면서 인하여 그 문권(文券)을 조사하여 검증하므로, 왕부께서 몹시 부끄럽게 여기고 돌아와서는, 즉시 공에게 강요하여, 편지를 작성해서 한씨를 내쳐 자기 친정으로 보내도록 하였다.[3]

김종직의 이 기록에 따르면 김숙자가 한씨와 혼인한 것은 한씨 집안의 간청에 의한 것이고, 한씨를 내친 것은 신운경이라는 자가 한씨의 부친인 한변을 가리켜 '우리와 신분을 같이 할 수 없다'고 한 말을 김숙자의 부친이 듣고 부끄러워하였기 때문이다. 한씨를 내친 일에 대해서 『세종실록』에는 "자식이 있는 조강지처를 망령되이 서얼(庶孼)이라 일컬어 아무 까닭도 없이 버려 이별하였다"[4]고 기록되어 있다.

『이준록』과 『세종실록』의 기록이 김숙자의 한씨 출처의 원인을 다르게 서술하고 있기 때문에 어떤 것이 출처의 정확한 이유인지는 알 수가 없다. 그러나 『이준록』에서 서술하고 있는 내용은 혼인이나 출처의 이유가 석연치 않고, 더구나 출처의 명분으로 서술한 내용은 어딘가 부족해 보인다. 『세종실록』의 기록 역시 출처의 명분이 타당하지 않음을 강하게 시사하고 있다. 이유가 어찌 되었든 김숙자는 그 후 박씨를 아내로 맞았고, 박씨가 무남독녀였기 때문에 그 부친의 사후 재산을 물려받아 김숙자는 처가가 있는 밀양으로 옮겨 살았다.

일의 전말이 어떠하든 이 일은 두고두고 중앙 정계로 진출하려는

婦道不修.

3 『점필재집』, 『이준록』 하, 「先公事業」 제4: 歲戊戌 我王父進士公 以事入府庭 適有稱申云慶者 與韓變爭訟於官 指斥變不可與吾同分 仍勘驗其文券 王父慙惡而還 卽强公爲書出韓氏令歸其宗.

4 『세종실록』 5년 계묘(1423) 7월 4일.

김숙자의 발목을 잡게 된다. 즉 세종 원년에 치른 식년시에서 병과 일인으로 급제하고, 2년 후 사관(史官)으로 뽑혀 중앙 관리로 활동할 기회가 왔다. 사관이란 자리는 품계는 높지 않더라도 청직으로 불릴 만큼 중요하고 명예로운 자리였으므로 중앙의 요직으로 진출하는 발판이 될 수 있는 자리였다. 그러나 이때 한씨 출처 문제가 불거져 김숙자는 결국 임명되지 못했다. 즉 한씨의 매부인 김주(金宙)가 성주목사(星州牧使) 이감(李敢)에게 김숙자가 과거에 등제한 뒤에 아내를 내쳤다고 고하여 이것이 예문관에까지 알려졌기 때문이다.

또 다음해에는 성균학록이 되었는데, 그 다음해에 전처 한씨의 부친인 한변이 사헌부에 투서하고 소송을 벌이는 일이 일어났다. 이 일에 대하여 김숙자는 적극적인 대응을 하지 않은 것으로 보인다. 『세종실록』에 이때의 일이 기록되어 있는데, 이 일에는 사헌부가 개입하여 김숙자에게 곤장 80대를 치고 아내를 되찾아 가정을 이루게 할 것을 주청하였는데, 그대로 따랐다고 되어 있다.[5] 그러나 김종직은 이 일에 대해 다만 "공이 그들과 대면하기를 부끄럽게 여기어 마침내 파직되고, 고신이 추탈되어 7월에 남쪽으로 돌아왔다"[6]고만 기록하고 있다.

또 16년 후인 세종 21년에 김숙자가 성균주부겸세자우정자(成均注簿兼世子右正字)로 제수되었을 때도 역시 이 문제가 불거져 파직당하고, 사유록(師儒錄)에서도 삭제되어 선산교수관(善山敎授官)이라는 외직으로 밀려난 일이 있다. 이유가 분명하지 않은 출처의 일로 인하여 김숙자는 결국 한직을 떠돌다 67세에 중훈대부(中訓大夫)가 되어 밀양으로 물러나 있다가 이듬해에 세상을 뜨고 만다. 이러한 부친의 생애에 대하여 김종직은 다음과 같은 말로 애통함을 나타내고 있다.

---

5 『세종실록』 5년 계묘(1423) 7월 4일.
6 『점필재집』, 『이준록』 상, 「先公紀年」 제2: 永樂二十一年癸卯五月 金宙在都下 招韓變 投狀于司憲府訟之 公恥與對辨 遂落職 追還告身 七月南還.

아! 선공은 평생 동안 벼슬한 것이 지위가 덕에 차지 못하였다. 31세로 출신한 이후 13년 동안 뜻을 이루지 못하고 떠돌았고, 참외(參外)로부터 대부(大夫)에 이르기까지 모두 28년이 걸렸다. 그 사이에 여섯 번 주부(注簿)가 되었고, 두 번 부령(部令)이 되었으며, 세 번 현감(縣監)이 되었고, 각각 한 번씩 교수관(教授官), 교리(校理), 부정(副正), 사예(司藝)가 되었으니, 역임한 관직은 모두가 당세에 보편적으로 등용되던 관직이었다. 그래서 몹시 불우하고 영락하여 끝내 크게 무슨 일을 하여 그 학문을 행해 보지 못했다. 그리고 비록 하나의 고을 자리를 얻어서 정사를 행했다고는 하나, 그 백성들에게 미친 이택은 겨우 하나의 현에 그쳤을 뿐이고, 온 세상에 다하지 못하였으며, 혹은 문서나 기록하는 말단 관리들이나 뇌물이나 주는 무리들과 서로 앞서거니 뒤서거니 하였으니, 아, 하늘이 한 일인가, 사람이 한 일인가?[7]

김숙자의 행적과 그에 대한 김종직의 언급을 살펴보면, 조선 전기 사림파로 분류되는 도학자들에 대한 인식의 정당성에 의문이 들게 된다. 즉 조선 전기의 사림파는 절의를 지킨 정몽주의 학통을 이어 과거 공부나 벼슬보다는 산림에 묻혀 수신과 후진 양성에 주력했다는 평가가 그것이다.

물론 김숙자는 고려 말 공양왕 원년(1389)에 태어나 조선에서 자라고 활동한 인물이므로 그가 조선왕조에 벼슬을 했다는 것이 의리의 측면에서 보더라도 문제가 되지는 않는다. 그러나 환로를 하찮게 여겨 산림에서 수신과 후진 양성에 진력했다는 평가는 재고되어야 마땅하다.

---

7 『점필재집』, 『이준록』 상, 「先公紀年」 제2: 嗚呼 先公平生仕官 位不滿德 年三十一出身之後 流落十三年 自參外至大夫凡二十八年 其間六爲主簿 兩爲部令 爲縣監三 爲教授官校理副正司藝各一 所歷皆當世常調之官 龍鍾蹭蹬 卒不得大有所爲 以行其學 雖得專城爲政 而利澤之及民者 止于一縣而不能咸 且或與刀筆苞苴之輩 相先後焉 噫 天耶人耶.

김숙자는 몇 차례의 과거를 거쳐 관리로 출세할 수 있는 길을 열었고, 평생에 걸쳐 여러 벼슬을 거친다. 또 성균주부 겸세자우정자로 발탁될 만큼 학문적인 역량을 인정받기도 하였다. 그러나 앞서 언급했듯이 출처 문제로 인하여 중앙 정계로의 진출은 번번이 좌절되었고, 곤장을 맞고, 사유록에서 삭제되는 모욕적인 상황에까지 이르기도 한다. 그러한 상황에서도 김숙자는 관직에 대한 미련을 떨쳐버리지 못하고 계속하여 그 정계의 주변을 떠돌면서 한직이나마 머물러 있었고, 죽기 바로 전 해인 67세가 되어서야 비로소 벼슬에서 완전히 물러나 앉는다.

환로에서 뜻을 펴지 못하고 정계의 언저리를 맴돈 김숙자는 자신이 실패한 중앙 정계 진출을 자식들을 통하여 이루고자 한 것으로 보인다. 김종직의 연보에는 이러한 김숙자의 간절한 염원을 엿볼 수 있는 일화들이 기록되어 있다. 김종직에게 태학의 책제(策題)를 공부하도록 다그치기도 하고, 과거를 보러 떠나는 김종직 형제에게 고과 등제의 바람을 축원하기도 한 것이다.[8]

김숙자의 생애와 관직 진출과 관련한 여러 일들을 살펴보면 '정몽주와 길재의 도학을 이은 절의를 중시하는 조선 전기의 사림파'라는 조선 도통에 속하는 조선 전기 사림파에 대한 그간의 평가에 회의가 들 수밖에 없다. 김숙자는 자신의 의지로 중앙 정계와 거리를 유지했던 것이 아니라, 중앙 정계로의 진출을 열망했으나 자신의 행위에 대한 결과로 중앙 정계에서 자리를 잡는 데 실패했을 뿐이기 때문이다. 그리하여 사림파의 본격적인 중앙 정계 진출은 한 세대 더 미루어지게 되는 것이다.

---

8 『점필재집』 문집, 부록, 「연보」 18세, 26세 조 참조.

2. 김종직의 환로(宦路)와 행적

김종직은 그의 부친인 김숙자에게서 수학했는데, 「연보」에 따르면 여섯 살에 처음 학문을 배우기 시작하였다. 『동몽수지(童蒙須知)』, 『유학자설(幼學字說)』, 『정속편(正俗篇)』을 배우고, 다음으로 『소학』을 배웠으며, 다음으로 『효경』과 사서와 오경을 읽고, 다음에는 『통감』을 비롯한 역사서와 제자백가의 책들을 마음대로 읽도록 하였다고 한다. 또 활쏘기와 글쓰기, 그리고 산가지 잡는 법까지 익혔다고 한다.

김종직은 16세 때 처음 과거를 치러 「백룡부(白龍賦)」를 지었으나 낙방하고 만다. 그러나 「백룡부」를 본 김수온(金守溫)은 "이는 후일 문형(文衡)을 맡을 솜씨이다"라고 하며 그 시권을 가지고 당시의 임금에게 아뢰었고, 임금은 영산훈도(靈山訓導)를 제수하였으니, 이것이 김종직의 첫 번째 벼슬이라고 할 수 있겠다. 그리고 18세 때부터 부친에 의하여 성리학을 본격적으로 공부하기 시작한 것으로 보인다. 김숙자는 이때 김종직에게 태학(太學)의 책제(策題)에 맞는 글을 익히도록 하였기 때문이다.

부친을 모시고 수학하다가 23세 때인 단종 원년에 진사시에 합격하여 성균관에 유학하였고, 이 해에 조계문(曺繼文)의 딸과 초례를 올렸다. 그리고 25세 때인 세조 원년에 형과 함께 동당시(東堂試)를 보아 합격하였고, 26세 때는 다시 형과 함께 회시(會試)에 응시하였으나 형만 급제를 하고 고향으로 돌아오다가 부친의 부음을 듣는다. 또 28세 때는 별시(別試)의 초시를 보아 합격하는데, 「연보」에는 이때의 일을 "선생은 과거 공부에 뜻이 없었는데, 백씨가 모부인께 사뢰어 과거를 보도록 권하게 한 결과 이 해 가을에 별거의 초시에 합격하였다"고 기록되어 있다.

29세 때 다시 문과를 보아 급제하고, 승문원 권지부정자(承文院權知副正字)에 임명되었다. 그리고 30세 때는 승문원 저작(承文院著作)으로 승진하였고, 31세 때는 승문원 박사(承文院博士)로 승진하였다. 그리고 31세 때는 교지를 받들어 왕세자빈 한씨(韓氏)의 애책문(哀冊文)[9]을 짓고, 32세 때는 인수왕후(仁壽王后)의 봉숭옥책문(封崇玉冊文)[10]을 지었으니, 당시에 김종직의 글 솜씨에 대한 상당한 평가가 있었음을 알 수 있다.

34세 때는 사헌부(司憲府) 감찰(監察)에 전임되었으나 세조에게 잡학(雜學)에 대하여 간언하다가 파직되었다.[11] 파직된 후 잠시 동안은 별다른 관직을 맡지 않고 후학을 가르치는 일에 전념하였다. 35세 때는 영남병마평사(嶺南兵馬評事)에 임명되었고, 37세 때는 홍문관 수찬이 되었다. 39세 때는 조산대부(朝散大夫) 전교서교리 겸예문관응교지제교(典校署校理兼藝文館應教知製教)에 임명되었고, 예종이 『제범훈사(帝範訓辭)』를 인쇄하여 올리도록 하자, 너무 기뻐서 잠도 자지 않고, 시 3수를 지었다. 이 해에 또 예종이 승하하자, 교지를 받들어 시책문(諡冊文)과 만사(挽詞) 3수를 지어 올렸다.

성종이 즉위한 40세 때는 예문관수찬지제교 겸경연검토관 춘추관기사관(藝文館修撰知製教兼經筵檢討官春秋館記事官)에 임명되어 경연에 참여하였다. 그러나 이 해 겨울에 모친의 봉양을 이유로 사직을 청하자 함양군수(咸陽郡守)를 제수하였다.

---

9 애책문(哀冊文): 왕이나 후비가 죽었을 때 생전의 공덕을 찬양하는 내용으로 지은 운문(韻文)을 말한다. 애책(哀策)이라고도 한다.

10 옥책문(玉冊文): 옥으로 만든 간책(簡冊)을 옥책이라고 하는데, 왕태자와 후비를 책봉할 때나 제고(祭告)나 봉선(封禪) 의식 때 썼다.

11 김종직의 연보에는 33세 때인 1463년 세조 9년에 불사(佛師)에 대해 간언하다가 파직되었다고 기록되어 있는데, 『세조실록』에는 1464년 8월의 일로 나와 있다. 즉 세조가 문신에게 천문(天文)·지리(地理)·음양(陰陽)·율려(律呂)·의약(醫藥)·복서(卜筮)·시사(詩史)의 7학을 닦게 했는데, 김종직이 이 중에 시사를 제외한 잡학은 유자의 일이 아니라고 말한 것에 세조가 분노하여 "김종직은 경박한 사람이다. 잡학은 나도 뜻을 두는 바인데 김종직이 이렇게 하는 것이 옳은가?"라고 하며 국문을 하는 것이 마땅하나 그렇게 되면 언로가 막힐 것이므로 그렇게는 하지 않고 파직을 시키라고 이조에 전지를 내렸다.

41세에 함양에 부임해서는 학생들을 가르치는 일에 몰두했으며, 조열대부(朝列大夫)와 봉정대부(奉正大夫)에 차례로 올랐다. 이 해에 함양군 내에 판각되어 걸려 있는 유자광(柳子光)의 시를 떼어 불태워 버렸다. 이 일은 후일 연산군 때 일어난 무오사화에 하나의 원인을 제공했다고 알려지게 되는 사건이다.

김종직은 함양군수로 재직하면서 당시 함양군이 공물로 바치던 차(茶)가 정작 함양에서는 나지 않아 군민들이 전라도까지 가서 사다가 바치는 일을 목격하였다. 이에 관에서 직접 차를 구하여 공물을 상납하였다. 그러다가 『삼국사』에 신라 때 차 종자를 당(唐)에서 얻어다가 지리산에 심도록 했다는 기록을 보고는 야생 차나무를 찾아내어 다원(茶園)을 조성하기도 하였다. 이때 이 일이 백성들의 수고를 덜어주기를 기원하면서 지은 「다원 2수(茶園二首)」라는 시가 있다.

42세 때 한훤(寒暄) 김굉필(金宏弼)과 일두(一蠹) 정여창(鄭汝昌)이 제자로 문하에 들어온다. 친구 사이인 이 두 사람에게 김종직은 자신이 부친에게서 배운 학문의 순서에 따라 『소학』과 『대학』을 읽히고, 『논어』와 『맹자』를 읽게 했다. 이들은 김종직이 간직하고 있는 조선 도학의 맥을 이어 몸소 실천하여 세상에 알리고 후세로 전해주는 역할을 하는 인물들이다. 김종직은 김굉필을 만나고서

> 궁벽한 곳에서 어떻게 이런 사람을 만났던가?
> 보배를 싸들고 와서 찬란하게 펼쳐놓았네.
> 잘 가서 다시 한 이부를 찾게나.
> 나는 쇠하여 곳집을 기울이지 못함이 부끄럽구려.[12]

라는 시를 지어주면서 그 기쁨을 나타냈다. 그리고 『소학』을 가르치

---

12 『점필재집』, 시집 권9, 「答金郭二秀才」: 窮荒何幸遇斯人 珠貝携來爛熳陳 好去更尋韓吏部 愧余衰朽未傾囷.

면서 "참으로 학문에 뜻을 둔다면 마땅히 이것부터 시작해야 한다. 광풍제월(光風霽月)도 또한 여기서 벗어나지 않는다"라고 하며, 『소학』의 중요성을 누누이 강조하였다. 이 말은 고원한 학문적 도리도 『소학』적 실천에 바탕을 두어야 하며, 개인적 수양의 바탕이 없이는 이루어질 수 없다는 것을 강조하는 것이다. 김굉필은 이 가르침을 받고 평생 『소학』을 읽었으며, 「독소학」이라는 시를 짓고, 스스로를 '소학동자'라고 부르기도 했다.

또 함양에 있었던 44세 때는 다섯 살이던 아들 목아(木兒)를 홍역으로 잃었는데, 이에 사직을 청하고 처가가 있는 금산으로 돌아갔으나 사직은 받아들여지지 않았다.

46세로 지승문원사로 내직에 들어갈 때까지 함양을 맡아 다스렸는데, 45세 때는 정사의 성적이 뛰어나 성종은 김종직을 통훈대부(通訓大夫)로 승진시키고 특지로 승문원사(承文院事)에 임명하였다. 그리고 주위에서는 중시(重試)[13]를 보아 승진할 것을 권하였으나 응시하지 않았다. 함양 군민들은 김종직의 선정(善政)을 기리기 위하여 생사당(生祠堂)[14]을 짓고 매월 삭망에 참배하였다.

46세 때 지승문원사로 내직에 들어갔으나 어머니의 봉양을 위하여 사직을 청하자 성종은 김종직의 본관인 선산부사(善山府使)로 임명하여 어머니를 봉양하도록 하였다. 김종직은 지방관으로 함양과 선산에 있을 때 봄·가을로 향음주례(鄕飮酒禮)와 양로례(養老禮)를 설행(設行)하였다. 백성들뿐만 아니라 사대부들조차 여전히 불교식 예법을 따르는 일이 많았던 당시에 이러한 예법을 통하여 도학 이념을 전파하려는 노력으로 보인다.

---

13 중시(重試) : 이미 과거에 급제한 사람을 대상으로 실시하던 특별 시험으로 합격한 사람은 품계를 올려주었다.

14 생사당(生祠堂) : 백성들이 감사(監司)나 수령의 선정을 찬양하기 위하여 생전에 모신 사당을 말한다.

김종직은 지방관을 역임하면서 상당한 성과를 거두었던 것으로 보인다. 차가 생산되지 않는 지방에서 공물로 차를 바쳐야 했던 백성들의 고통을 헤아려 차밭을 조성한 일은 직접적으로 백성들에게 혜택이 돌아가는 일이었고, 교육에 힘쓰고 양로례와 향음주례를 설행한 일 등은 국가의 이념인 도학을 전파하고 후진을 양성하는 데 중요한 역할을 했다고 볼 수 있다. 또 지방의 교육을 활성화하고 제자들을 받아들여 가르치는 일에 역점을 둔 것은 김종직이 중앙 정계에 진출하여 관료 유학자들과 활발한 교류를 하면서도 사림의 영수로서 조선 도학의 중요한 수수 맥락에 위치하게 한 중요한 일이라고 할 수 있겠다.

김종직의 나이 49세에 어머니가 80의 나이로 별세하자 3년간 여묘살이를 하며 주희의 가례(家禮)에 따라 장사를 지냈는데, 김종직이 52세로 복을 벗을 때까지 홍유손(洪裕孫)과 김일손(金馹孫)·김기손(金驥孫) 형제가 와서 수학하였다.

모친상을 마치고는 금산으로 돌아가 서당을 짓고 연못을 파서 연(蓮)을 심고는 경렴당(景濂堂)이라 이름 지었다. 이것은 「애련설(愛蓮說)」을 지은 북송의 도학자 주렴계(周濂溪)를 사모해서라고 한다.

그리고는 밀양의 제자들에게 편지를 보내 학규(學規)를 만들게 하였다. 이 편지에서 김종직은 지방 교육의 중요성과 향교의 역할을 다음과 같이 강조하고 있다.

가만히 생각해 보니, 시골의 풍속이 경박해지고 조정의 정화(政化)가 막히는 것은 그 병의 근원이 오로지 학교의 강학(講學)이 밝지 못한 데에 있는 것입니다. 강학이 실로 밝아진다면 효제충신(孝悌忠信)의 가르침을 사람마다 복습(服習)함으로써 학교부터 마을에 이르기까지 훈도되고 발전되는 것이 절로 그치지 못하게 될 것입니다. 그렇게 된다면 오륜(五倫)이 각각 그 차례를 얻고 사민(四民)이 각각 자기의 업

(業)에 편안하여 집집마다 관작을 봉할 만한 풍속이 이로 인하여 점차
로 이루어질 수가 있을 것입니다. 그렇게 되면 어찌 완고하고 악하며
우둔하여 기강을 범하는 사람이 그 사이에 체동(蝃蝀)[15]같은 짓을 하
겠습니까? 이것으로 말미암아 본다면 한 고을의 치란(治亂)은 실로 향
교(鄕校)에 관계되는데, 한 고을만이 아니라 천하(天下)라도 다 그러한
것이니, 크고 작은 것은 다르지만 그 법칙은 한가지인 것입니다.[16]

이는 한 고을의 치란에서 국가의 치란에 이르기까지가 모두 교육
의 밝음에 따른다고 본 것으로, 김종직이 교육을 얼마나 중요시했는
지를 알 수 있게 해 주는 글이다.

이후로 김종직은 주로 홍문관이나 예문관, 춘추관 등에 임명되어
경연관을 겸하였다. 52세에는 숙인(淑人) 조씨(曹氏)가 죽고, 55세에 18
세의 남평(南平) 문씨(文氏) 문극정(文克貞)의 딸에게 장가들어 다음해에
아들 숭년(嵩年)을 낳았다. 이 해 여름에는 사직하고 밀양으로 내려갔
는데 사방에서 학자들이 모여들어 배우기를 청하였다고 한다.

김종직에 대한 성종의 총애는 각별했던 것으로 보인다. 김종직을
삼시(三時)의 경연에 모두 참석하여 진강하도록 하였고,[17] 금대(金帶)를
하사하기도 하였다. 또 그의 뛰어난 문재(文才)를 인정하여 교지를 내
려 궁실의 옥책문(玉冊文)과 애책문(哀冊文), 「내반원기(內班院記)」·「환
취정기(環翠亭記)」 등 많은 글을 짓도록 하였다.

---

15 체동(蝃蝀):『시경』용풍(鄘風)「체동(蝃蝀)」에 "무지개가 동쪽에 있으니, 감히 가리
   킬 수 없도다.〔蝃蝀在東 莫之敢指〕" 한 데서 온 말인데, 이는 곧 남녀가 음분(淫奔)
   하는 꼴은 사람이 말할 수도 없다는 것을 비유한 것이다.
16 『점필재집』, 문집 권1, 書,「與密陽鄕校諸子書」: 竊思之 鄕閭風俗 所以澆漓 朝廷
   政化 所以壅閼 其病源 專在於學校講學之不明也 講學苟明 則孝悌忠信之教 人
   人服習 由庠序 而及閭巷 薰蒸條鬯 不能自已 五倫各得其序 四民各安其業 比屋
   可封之俗 亦因以馴致矣 安有頑嚚干紀之人 蝃蝀於其間哉 由是觀之 一邑之治忽
   實關於鄕校也 不惟一邑 雖天下皆然 大小雖殊 而其揆一也.
17 『성종실록』15년 갑진(1484) 11월 1일.

이후에도 김종직은 여러 관직에 임명되었고, 59세 1월에는 공조판서겸동지경연 홍문관제학 동지성균관사에 제수되고, 다시 3월에는 자헌대부(資憲大夫) 형조판서겸지경연 홍문관제학 지성균관사에 임명되었다가, 가을에 병으로 사직하고 지중추부사로 옮겼다. 그런데 김종직은 병을 핑계로 동래 온천에 가서 목욕하기를 청하고는 밀양으로 돌아갔다. 이후에 배우려는 사람들이 사방에서 모여들어 정주학을 강론하였다. 그러다가 62세인 1492년에 병이 중해져 8월 19일에 세상을 떴다. 사후에 김종직에게 문충(文忠)이라는 시호가 내려졌다.[18]

김종직의 병이 심각해졌을 때 성종은 내의(內醫)를 보내어 치료하도록 할 만큼 김종직에게 각별한 총애를 보인다. 그리고 김종직이 죽고 나자 이틀 동안 조회를 정지하고 예관을 보내 조문하였다. 다음해에는 김종직의 문집과 『이준록』을 찬집하여 매계(梅溪) 조위(曺偉)에게 편차를 맡겼다.

그러나 그가 죽고 난 몇 달 뒤인 12월에 문충이라는 시호가 과하다는 논의가 의정부에서 나왔고,[19] 이어서 그 시호를 올린 봉상시(奉常寺)가 개인적인 호오에 따라 논정한 것이라 하여 국문을 하도록 하고,[20] 이듬해 4월에 시호가 문간(文簡)으로 낮추어지기까지 의정부와 사헌부 등에서 계속해서 김종직의 시호에 대하여 문제를 삼고 경연의 자리에서까지 그 문제를 논의했다. 애초에 봉상시에서 김종직의 시호를 논하면서 다음과 같이 논하였다.

---

18 『성종실록』 23년 임자(1492) 12월 14일. 김종직 연보에는 성종 24년에 문충이라는 시호를 내렸다고 되어 있는데, 실록과 비교해 볼 때 이는 잘못된 기록일 가능성이 크다. 성종 23년부터 이미 문충이라는 시호를 올린 봉상시(奉常寺)를 국문하도록 하자는 논의가 빈번히 거론되고, 성종 24년 4월 14일 조에는 김종직의 시호를 문간(文簡)으로 바꾸었다는 기록이 나오는 것으로 보아 문충이라는 시호는 성종 23년에 내려진 것으로 보인다.

19 『성종실록』 23년 임자(1492) 12월 14일.

20 『성종실록』 23년 임자(1492) 12월 16일.

김종직 영정

공(公)은 타고난 자질이 순수하고 아름다우며, 온화하고 선량하고 인자하고 은애로웠으며, 일찍부터 시례(詩禮)를 배워서 몸소 사도(師道)를 담당하였다. 덕(德)과 인(仁)에 의거하여 충신(忠信)과 독경(篤敬)으로 사람을 가르치는 데에 게을리 하지 않아서, 사문(斯文)을 진흥시키는 일을 자기의 책임으로 삼았다. 그가 학문을 함에 있어서는 왕도(王道)를 귀히 여기고 패도(霸道)를 천히 여겼으며, 직무에 임해서는 지극히 간편하게 하여 번거로운 일을 제어하였으며, 사람을 가르침에 있어서는 글을 널리 배우게 하고, 예(禮)로써 단속하게 하였다. 어버이를 섬김에 있어서는 효성을 극진히 하였고, 임금을 섬김에 있어서는 정성을 극진히 하였으며, 남의 착한 일을 숨기지 않았고, 남의 악한 일을 들추어내지 않았으며, 청결하면서도 편협하지 않았고, 유화하면서 세속에 뇌동하지 않았다. 문장(文章)과 도덕(道德)이 세상에 우뚝하게 뛰어나 참으로 삼대(三代)의 남긴 인재로서 그 사문에 공(功)을 끼친 것이 중대하다. 시법(諡法)에 도덕박문(道德博文)을 문(文)이라 하고, 염방공정(廉方公正)을 충(忠)이라 한다.[21]

이 글을 지은 사람은 김종직의 제자인 재사당(再思堂) 이원(李黿)[22]이다. 김종직의 시호를 문제삼는 사람들은 여기서 김종직을 두고 하고 있는 말들은 모두 성인(聖人)에게 어울리는 말이지 김종직에게는 해당되지 않는 말이라고 했다. 또 김종직이 인도한 것은 시문(詩文)뿐이지 도학(道學)으로 인도하여 도와준 것은 아니라고도 했다.[23] 그리하여

---

21 『점필재집』, 문집, 부록, 「연보」: 公天資粹美 溫良慈愛 早學詩禮 身任師道 據德依仁 忠信篤敬 誨人不倦 以興起斯文爲己責 其爲學也 貴王而賤霸 其莅事也 至簡而御繁 其敎人也 博文而約禮 事親極其孝 事君盡其誠 不掩人善 不揚人惡 淸而不隘 和而不流 文章道德 高出於世 眞三代遺才 其有功於斯文 重矣 諡法 道德博文曰文 廉方公正曰忠.

22 이원(李黿): 김종직의 제자로, 남효온의 『사우명행록(師友名行錄)』에서는 이원에 대해 "익재의 후손이요 박팽년의 외손으로서, 두 집안의 현량함이 이 한 사람에 모아졌다"고 하였다.

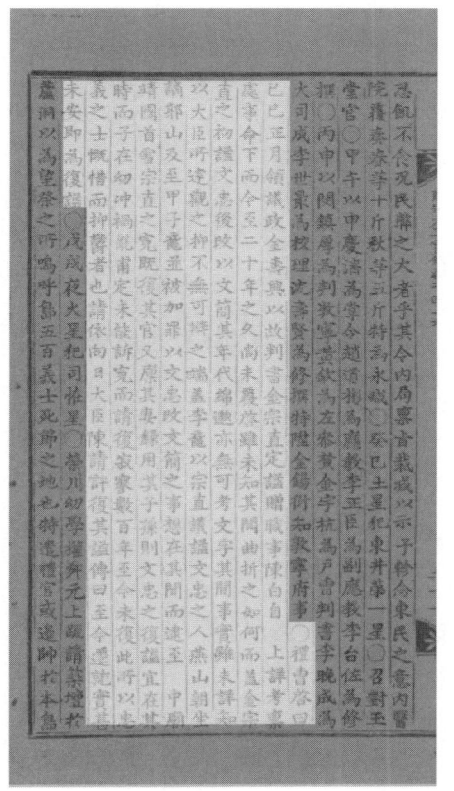

숙종실록 34년 7월 22일 복시 기사 부분

김종직의 시호는 성종 24년 4월에 문충에서 문간(文簡)으로 바뀌게 되는데, 이는 후일 연산군 대에 김종직의 「조의제문」을 문제삼는 윤필상(尹弼商)의 의논을 따른 것이었다.

시호와 관련된 문제는 사화에까지 영향을 미쳤으니, 갑자사화(甲子士禍) 때, 당시 봉상참봉(奉常參奉)으로 있으면서 김종직에게 문충이라는 시호를 내리자고 청했던 이원은 능지처참을 당하게 되었다. 김종직의 시호는 숙종 34년(1708)에 문충으로 복시되었다.

---

23 『성종실록』 24년 계축(1493) 1월 9일.

김종직이 숨진 직후 불거진 시호 문제는 김종직을 필두로 하여 본격적으로 정계에 진출하기 시작한 사림 세력에 대한 견제로도 읽힐 수 있다. 세력을 확대해 가는 사림에 대한 훈구 세력의 경계는 김종직의 생전부터 있었던 일이라고 할 수 있다. 김종직이 병으로 밀양에 내려가 있던 1492년에 이칙(李則)이 김종직이 가난하다는 이유로 녹을 줄 것을 청하여 성종이 녹을 내린 일이 있었다. 그런데 이 일에 대하여 사헌부와 사간원 등에서 이칙을 벌하고 김종직의 녹을 거둘 것을 청하는 논의가 2월에만 세 차례가 있었다. 이 가운데 대사헌(大司憲) 김여석(金礪石) 등이 올린 차자(箚子)에서는 휴직 상태에 있는 김종직에게 녹을 주는 것의 부당함을 다음과 같이 말하고 있다.

> 이칙이 아뢴 것이 이미 잘못이었는데, 정문형(鄭文炯)의 논의도 그 잘못을 본받아서 말하기를, "김종직(金宗直)은 한때의 이름난 유자(儒者)로서 집안에 한 섬의 저축도 없습니다"라고 하였지만, 단지 문묵(文墨)만을 일삼고 그 말이 행실을 살펴보지 못하는 자인데, 이름난 유자라고 일컫는 것이 옳겠습니까? 경상도 세 고을에 노비와 전장(田莊)이 있는데, 집안에 한 섬의 저축도 없다고 일컫는 것이 옳겠습니까? 이것은 사사로운 환심을 사려고 하여 정실(情實)에 지나친 말을 한 것입니다.[24]

이 글에서 '세 고을에 녹이 있다'고 한 것은 본향인 선산과 외가인 밀양, 그리고 처가가 있던 금산을 말하는 것이다. 김숙자는 밀양 처가의 재산을 물려받았고, 김종직 또한 처가인 금산에 전장을 두고 있었으므로 이 지적은 타당한 면이 있는 것으로 보인다.

---

24 『성종실록』 23년 임자(1492) 2월 17일: 李則之啓 已爲非矣 文炯之議 又效其尤 雖曰宗直一時名儒 家無擔石之儲 只事文墨 言不顧行者 謂之名儒可乎 慶尙三邑 有臧獲田莊 謂之家無擔石之儲可乎 是欲市私恩 爲過情之辭也.

이 글에서 주목할 또 한 가지는 김종직에 대한 평이다. '단지 문묵만을 일삼고 그 말이 행실을 살펴보지 못하는 자'라고 한 것이 그것인데, 구체적으로 어떤 행실을 두고 이런 논의가 오갔는지는 알 수 없으나 김종직에 대한 당시 훈구 세력의 생각을 살펴볼 수 있는 자료이다. 김종직에 대한 훈구 세력과 사림 세력 간의 시각 차이는 시호개정 문제에서도 잘 나타난다.

김종직을 둘러싸고 벌어진 이러한 일들을 통하여 당시의 상황을 파악할 수가 있다. 당시 김종직은 성종의 각별한 총애를 받았으며, 무시할 수 없을 만큼의 정치적 이력을 지녔고, 지방관으로 재직할 때나 성균관에 있으면서 많은 제자들을 배출하여 그 제자들이 정계에 진출하기 시작하였다. 그러므로 병으로 휴직 중인 김종직에게 녹을 내리는 문제나 시호를 정하는 과정에서 나타난 그의 제자들을 중심으로 한 사림의 행태는, 그들이 하나의 정치 세력으로 성장할 가능성을 보여주는 것이었다.

훈구 세력에게는 그것이 정치적 위협으로 다가올 수 있었고 그 세력이 확대되는 것을 차단할 필요성이 있다고 판단한 것으로 보인다. 당시에 경상도를 중심으로 하는 김종직을 비롯한 사림 출신 관료들을 가리켜 '경상도 선배당'이라고 지목하기도 하였다[25]는 사실이 김종직을 비롯한 사림 출신 관료들에 대한 훈구 관료들의 인식을 대변해 준다고 하겠다.

장기적인 관점에서 본다면 김종직의 시호 문제와 휴가 중 녹을 내리는 문제에서 나타난 사림과 훈구 세력 간의 사소한 갈등은 뒷날 사화로 폭발하는 두 세력 간의 본격적 다툼의 전초전이라고 할 수가 있다.

---

25 『성종실록』 15년 갑진(1484) 8월 6일 참조.

3. 김종직에 대한 평가

김종직은 정몽주와 길재로부터 내려오는 조선 도학의 학통을 이어받아 한 몸에 간직하고 있다가 후진 양성을 통하여 그것을 전파하고 사림의 정계 진출의 발판을 마련한 사림파의 영수로 알려져 있는 사람이다. 조선의 건국 세력과 맞서다가 살해당한 정몽주가 실질적인 조선 개국의 일등 공신인 정도전이나 권근 등의 뛰어난 유학자들을 제치고 조선 도학의 원천이 된 것은 그의 절의 정신 때문이었다. 그러므로 길재에서 조광조에까지 이어지는 조선 도통의 담지자들 또한 관직을 위한 과거 공부보다는 『소학』을 중심으로 한 수신(修身)을 중시하였고, 시류에 영합하기보다는 절의를 행위의 원칙으로 삼았으며, 세조의 등극을 왕위 찬탈로 보아 비판한 행적 때문에 연산군 때 사화의 피해자자 되었다고 보는 것이 보편적인 견해다.

위에서 살펴보았듯이 김숙자가 본격적으로 중앙 정계에 진출하지 못한 것은 그의 의지에 따른 것이 아니라 석연치 않은 출처 문제가 그가 요직에 등용될 때마다 제기되었기 때문이었다. 김숙자는 누구보다도 적극적으로 과거에 임했으며, 벼슬에 임명되고 나서는 출처 문제가 불거져 곤장을 맞고, 사유록에서 삭제되는 등의 참담한 지경에 이르고서도 과감하게 관직을 벗어던지 못하고 평생 정계의 언저리를 맴돌면서 보낸다.

김종직은 부친인 김숙자의 적극적인 지도를 받아 과거 공부에 몰두한 듯하다. 김종직의 「연보」 18세 조에는 다음과 같은 기록이 있다. 부친인 김숙자가 "태학(太學)의 책제(策題)를 들었는데, 너도 지어 보았느냐?"라고 묻자, 김종직이 "융회관통이 되지 않아서 적절한 말로 글을 짓기가 어려웠습니다"라고 하였다. 이에 김숙자는 "처음에는 너를 가르칠 만하다고 여겼는데, 내 희망이 끊어졌다"고 하였고, 이 말을 들은 김종직은 등이 흠뻑 젖도록 땀을 흘렸으며, 그 후로 성리학에

종사하였다는 것이다.[26]

그리고 세종 때인 16세에 과거를 보아 낙방한 이후 단종 때인 23세 때는 진사시에, 세조 원년인 25세 때는 동당시에 합격하였고, 26세 때는 형과 함께 회시를 보았는데, 과거를 보러 길을 떠나는 두 아들에게 김숙자는 "너희 형제가 고과(高科)로 급제하여 고향에 돌아온다면 내가 다시 무엇을 근심하겠느냐?"고 하였다고 한다. 그러나 이때의 과거에서는 형만 합격하고 김종직은 낙방하였다. 그리고 28세 때는 모친의 권유로 다시 과거를 보아 합격하였다.

27세 때는 세조의 왕위 찬탈을 중국의 역사를 빌어 비판했다고 알려진 「조의제문」을 지었다. 이후 김종직은 헤아리기 힘들 만큼의 많은 관직을 거치게 된다. 김종직의 졸기에는 "세조가 집현전을 없애고 글 잘하는 선비 10명을 선발하여 예문(藝文)을 겸하게 할 적에 김종직이 형 김종석(金宗碩)과 함께 선발되어 들어갔다"는 기록이 있다. 그는 또 세조의 덕과 공적을 찬양하는 「세조혜장대왕악장(世祖惠莊大王樂章)」이라는 악장을 짓기도 하였다. 그 내용은 다음과 같다.

우뚝하신 세조 대왕은
실로 하늘이 덕을 내셨네.
군왕의 기강을 정돈하시고,
대업을 이끌어 넓혔네.
밝도다, 문무의 덕이여!
빛나도다, 예악이여!
융성한 공 창조하고 지켜서,

26 『점필재집』, 문집, 부록, 「연보」: 正統十三年戊辰 世宗大王三十年 先生十八歲 是年 侍先公 在京師 一日 自南學退食 先公召曰 聞太學策題 汝亦逃否 對曰 未融會貫通 難於措辭也 曰始以汝爲可敎 吾望絶矣 先生汗出洽背 自後 從事於性理之學.

무궁하게 광휘를 드리우셨네.[27]

이 글에서 김종직은 군왕으로서 세조의 덕을 극찬하고 있다. 또 예종(睿宗) 원년에 세조가 지은 「제범훈사(帝範訓辭)」를 인출하여 올리라는 명을 받고는 그날 밤 기뻐서 잠을 못 이루고 시를 짓기도 하였다.[28] 이 두 글의 내용을 살펴보고, 김종직이 「조의제문」과 「화도연명 술주」를 지었다는 사실을 생각하면 이 두 행위간의 모순 때문에 혼란스러워진다. 「제범훈사」를 38세에 편찬하고, 또 「세조혜장대왕악장」은 그 제목에 세조라는 묘호가 들어간 것을 보면 적어도 세조 사후, 김종직이 37세 이후에 지은 것을 알 수 있다.

김종직은 또 25세 때인 1455년 형과 함께 동당시(東堂試)를 보아 합격하고, 다음해에는 역시 형과 함께 회시(會試)에 응시한다. 1455년은 세조가 즉위한 첫해이다. 세조가 즉위한 직후 두 해를 연이어 과거에 응시하고, 부친인 김숙자는 회시를 치르러 가는 김종직 형제에게 "너희 형제가 고과(高科)로 급제하여 고향에 돌아온다면 내가 다시 무엇을 근심하겠느냐. 감히 이 술잔으로 너희들을 위해 축복하노라"[29]라고 하며 오직 과거에서 좋은 성적으로 합격하기만을 소원하고 있다.

김숙자와 김종직 두 부자의 행적을 살펴보면 현재 우리가 가지고 있는 조선 전기 사림파에 대한 선입견이 무너지게 된다. 세조가 정당하지 않은 방법으로 왕위에 오른 이 해에, 김종직은 그 조정에 참여하기 위하여 적극적으로 과거에 응시하고, 부친인 김숙자는 오직 아

27 『점필재집』, 시집 권6 「世祖惠莊大王樂章」: 巍巍世祖 實天生德 整頓皇綱 延弘大業 昭哉文武 煥焉禮樂 創守隆功 垂耀無極(……).

28 『점필재집』, 시집 권5, 「十月初六日上命本署印進帝範訓辭是夜喜而不寐」: 文皇帝範如從事 天下眞堪運掌中 可是永徽師父訓 晚年繼述只昏風 世祖明明有訓辭 十條雖簡乃元龜 鯤岑自是區區地 萬宇陶鎔亦在玆 帝範訓辭相表裏 聖謨千載日星明 小臣承乏芸香暑 火急裝績進邇英.

29 『점필재집』, 문집, 부록, 「연보」, 26세 조 참조.

들의 과거 합격만을 축수하고 있는 것이다. 김종직의 과거 응시와 관직에 오른 후의 행적은 절의라는 가치 기준에 입각한 권력의 정당성을 염두에 둔 행위라고 말하기는 어려운 점이 있다. 이는 특히 그 제자인 남효온의 행적과 비교되는 대목이기도 하다.

김종직의 적극적인 과거 응시와 정계 진출은 자신의 의지와 상관없이 중앙 정계에 자리잡지 못한 김숙자의 종용에 의한 것이라고 볼 수도 있다. 그렇다고 하더라도 김종직의 행적이 정당성을 확보하는 것은 아니다. 부친의 사후에도 역시 과거를 보고, 여러 관직을 넘나들었으며, 계유정란에 적극 협조한 공신들과의 관계도 돈독하게 유지하였기 때문이다. 이렇게 보자면 김종직과 그의 부친이면서 사림파 도통의 한 고리의 역할을 하고 있는 김숙자의 도학적 순수성 역시 의심스러울 수밖에 없다.

김종직은 세조 원년과 다음해에 과거에 응시하고, 다음해에는 「조의제문」을 짓고, 또 2년 후에는 다시 과거에 합격하여 관직에 진출하였다. 그의 일관성 없는 이러한 행적 때문에 여러 후학들에게서 비판을 받았고, 오늘날 김종직을 연구하는 학자들도 혼란스러워하고 있다. 이런 이유로 「조의제문」을 우의적으로 세조를 비판한 시라고 볼 수 없다는 견해도 있는 것이다.[30]

그러나 「조의제문」의 서문에서 글을 지은 동기를 밝히면서 글을 지은 때를 '정축년 10월'이라고 했는데 이때는 바로 단종이 죽임을 당한 때와 일치하고, 또 자신의 말대로 기록에도 없는 초(楚) 회왕(懷王)의 시신을 물에 던진 상황을 설정한 것을 보면 「조의제문」의 작의(作意)는 분명해 보인다. 그러나 김종직 자신은 그 글을 지은 의도라든지, 당시 정국을 휩쓴 계유정란을 비롯하여 뒤를 이어 일어난 세조의 등극과 단종의 죽음 등에 대하여 일언반구도 언급을 하지 않고 있다.

---

30 이원걸, 『김종직의 풍교시문학 연구』, 박이정, 2004년.

김종직은 세조뿐만 아니라 계유정란에 적극 참여하여 공신으로서
세도를 누리던 당시의 훈구 권신들을 칭송하는 글도 여러 편을 지었
다. 권근의 손자로, 계유정란을 주도한 정난공신(靖難功臣) 1등인 권람
(權擥)과 그의 부친인 권제(權踶)의 문집인 『영가연괴집(永嘉連魁集)』의
서문을 썼는데, 그 중에서 권제와 권람 부자, 그리고 권람의 아들이
면서 『영가연괴집』을 편찬한 권건(權健)까지 일컬어 다음과 같은 극찬
의 말을 하고 있다.

> 호걸한 재주가 세대마다 없지는 않았으나, 부자(父子)와 조손(祖孫)이
> 아름다운 일을 서로 이어서 온축된 경륜(經綸)을 떨쳐 일으켜 국가의
> 태평성대를 성공시킨 이들이 고금을 통틀어 몇 사람이나 되겠는가?
> …… 문장뿐만이 아니라 문과 급제자들이 대대로 끊이지 않았고, 지
> 재(止齋),[31] 소한당(所閑堂)[32]이 서로 이어 장원을 함에 이르러서는 계
> 림(桂林)의 일지(一枝)요 곤산(崑山)의 편옥(片玉)으로서 예원(藝苑)에 높
> 이 뛰어나고 조정에 밝게 광채가 났으며, 그 평생 동안 조정에서의 일
> 을 처리할 때의 대절(大節)과 위대한 공적(功績)은 당나라의 소장(蕭張),
> 송나라의 왕려(王呂)와 서로 오르내릴 만하니, 아, 성대하도다.[33]

이 서문에서 김종직은 권제 부자의 문장뿐만 아니라 정치적 업적
까지도 높게 평가하고 있다. 김종직의 말대로 이들 부자가 '국가의
태평성대를 성공시킨 이들'이라면 결국은 세조의 계유정란도 같은
맥락에서 국가의 태평성대를 이룬 업적이 되는 것이다.

---

31 지재(止齋): 권제(權踶)의 호다.
32 소한당(所閑堂): 권람(權擥)의 호다.
33 『점필재집』, 문집 권1, 序, 「永嘉連魁集序」: 豪傑之才 世不乏人 而父子祖孫 襲嬾
踵武 以振發經綸之蘊 以笙鏞國家之盛者 古今幾何人哉……非惟文章耳 淡墨之
榜 世世不絶 至于止齋所閑堂 相繼大魁 桂林一枝 崑山片玉 翹擧藝苑 輝映岩廊
其平生立朝大節 與夫隆功偉績 可頡頏于唐之蕭張 宋之王呂 吁 盛矣哉.

이뿐만이 아니라 김종직은 45세에, 역시 계유정란에 적극 참여하여 1등 정난공신에 오르고 고령군에 봉해져 각종 특혜를 누리고, 성종 때는 원상이 되고, 남이(南怡)를 숙청한 공으로 익대공신(翊戴功臣)이 되고, 이어서 좌리공신(佐理功臣)에까지 오른 신숙주(申叔舟)의 문집인 『신문충공문집(申文忠公文集)』에도 서문을 썼다. 다음은 이 서문에서 김종직이 신숙주를 평하는 말이다.

오직 대현군자(大賢君子)라야 강하(江河) 같은 도량에 해당할 수 있는 것이다. 널리 보건대, 고인(古人) 중에도 여기에 해당할 만한 이는 또한 많이 보기가 쉽지 않은데, 오늘날에 본 바로는 고령(高靈) 신문충공(申文忠公)이 거의 해당할 듯하다. 공은 국량이 넓고 크며 재주와 식견이 매우 해박하여 벼슬을 시작한 이후로 재상이 되기에 이르기까지 평소 가슴 속에 온축(蘊畜)된 것들이 발산되어 경세제민(經世濟民)의 용도가 되었다. 공은 모든 사물이 앞에 이르면 기미를 맞아 응접(應接)하여 좌우로 수작(酬酢)하니, 사람들이 모두 그 온축된 것이 나오면 나올수록 더욱 끝이 없어 그 한계를 도무지 헤아릴 수 없음을 탄복하였다.[34]

여기서 김종직은 신숙주를 '대현군자'로 평하고 있다. 그리고 "공이 생존했을 때 나라를 다스리고 도(道)를 담론하면서 왕화(王化)를 보필한 것을 어찌 이루 다 헤아릴 수 있겠는가!"라고 하여 신숙주의 학문과 정치에 대한 공을 칭송하였다. 또 신숙주가 자신을 지우(知遇)해 준 데 대한 보답을 못하여 부끄러웠는데, "이제 서문을 지어달라는 부탁을 받고는 삼가 문자(文字) 사이에 이름 의탁하는 것을 영광"으로

---

34 『점필재집』, 문집, 권1, 序, 「申文忠公文集序」: 惟大賢君子 可以當江河之量矣 泛觀古人當之者 亦未易多得 以今日所見 則高靈申文忠公 其庶幾乎 公城府弘曠 才識博洽 通籍以來 至居廟堂 以其平日所蘊畜者 發而爲經濟之用 凡事物之來也 迎幾應接 左右酬酢 人皆服其愈出而愈不窮 而不能測識其涯際.

삼고 있다고도 했다.

김종직은 이렇게 당시 여러 차례의 정변으로 배출된 공신을 비롯한 훈구 세력의 인물들과 원만한 관계를 유지하고 있었다. 이러한 맥락에서 본다면 1467년 세조 13년 이시애의 난을 평정하는 데 공을 세우고, 1468년 예종 즉위년에 남이와 강순 등이 반역을 도모한다 하여 역적으로 몰아서 처단한 공으로 익대공신(翊戴功臣)에 오르고 무령군(武寧君)에 책봉된 유자광에 대한 김종직의 태도는 다른 훈구 세력들을 대하는 태도와 달리 의외로 단호하였다. 즉 김종직이 1471년 41세 때 함양에 부임하였을 때 유자광의 시가 판각되어 걸려 있는 것을 보고는 '자광이 어떤 자이기에 감히 이런 짓을 하는가?'라고 분개하며 그 글을 떼어 불태워 버린 것이다.[35] 유자광에 대한 이런 분노가 어디에서 기인한 것인지는 기록되어 있지 않으나 시기적으로 보아 김종직의 이러한 행위는 유자광의 행적과 연관되어 있는 것이 분명해 보인다. 어쨌든 이 일로 유자광의 원한을 사, 훗날 김일손이 기록한 사초에 실린 김종직의 글을 문제삼아 김종직의 제자들을 중심으로 한 사람들을 제거하는 데 원인을 제공했다고 일컬어진다.

김종직 사후 불거진 시호 문제에서도 훈구 세력을 중심으로 한 일부의 김종직에 대한 시각을 파악할 수 있는데, 김종직에 대한 이러한 논란은 사림파 도학자들이 정계의 중심 세력으로 올라선 조선 중기 이후에도 후학들에 의하여 꾸준히 일어났다. 이는 곧 도통 수수자로서의 정당성에 대한 문제 제기라고 할 수 있다.

후학들의 김종직에 대한 문제 제기는 그의 행적에 관한 것과 학문적 경향에 대한 것 이렇게 두 가지 측면이다.

먼저 김종직의 제자들이 김종직에게 직접 문제를 제기한 경우를 들 수 있다. 김굉필이 시를 통해 스승인 김종직이 시사(時事)에 대해

---

35 『점필재집』, 문집, 부록, 「연보」 41세 조 :『해동잡록』 4, 本朝, 「柳子光」 등 참조.

적극적으로 건의하지 않는 것을 비판한 것이 대표적인 경우다. 제자 중에 또 한 사람 홍유손도 김굉필과 같은 이유로 김종직에게 비판적인 건의를 하였다. 남효온의 『사우명행록』에는 홍유손에 대한 다음과 같은 기록이 있다.

두류산에 들어가 학업을 닦고 서울에 올라와 점필재 선생이 시사(時事)를 건의하지 못함을 간하여, "무엇 때문에 남의 작록(爵祿)을 헛되이 취하고 계십니까? 그리고 지금 학자들은 불교와 도가를 미워하지 않은 바 없으나, 실행에 있어서 불노를 벗어난 자는 하나도 없습니다. 왜냐 하면 행동을 원만하게 하고 모난 것을 싫어하는 것이 도가이며, 혼자 만 행하고 남을 구휼하지 못하는 것이 불교입니다"라고 하였다.[36]

이는 김종직이 관직에 있으면서 당시 권력 집단인 훈구 세력과 원만한 관계를 유지하기 위해 분명한 입장을 취하지 않고 시사에 대하여 건의하지 못함을 직접적으로 비판하는 글이다. 김종직이 훈구 세력과의 충돌을 두려워하여 소신대로 건의하지 못하는 것은 도학자의 자세라기보다는 도가나 불교적인 태도라는 비판이다. 남효온은 김굉필과 홍유손의 이러한 비판적인 발언에 대해 김종직이 매우 싫어하여 서로 멀어졌다고 기록하고 있다.

세월이 지나고 나서 후학들은 김종직에 대하여 더욱 신랄한 비판을 가한다.

허균은 김종직을 비판한 대표적인 후학이다. 허균은 「김종직론」에서 김종직이 「조의제문」과 「화도연명술주」를 쓰고도 세조에게서 벼슬한 것은 '가소로운 일'이라고 하였다. 김종직은 단종 대에 벼슬하

---

36 『추강선생문집』 권7, 잡저, 『사우명행록』: 入頭流山隷業 到京諫先生不建白時事 何空取人爵祿爲也 且當今學者 莫不惡佛老 而行器無一箇免於佛老者 行圓而惡方者老也 行獨而不恤者佛也.

지 않았으므로 그가 단종을 위하여 죽을 이유는 없으나, 「조의제문」
과 「화도연명술주」를 짓고도 마지못한 듯이 하면서 벼슬을 한 것은
두 행위가 모순된다는 것이다. 그리하여 허균은 김종직이 "죽은 뒤에
화란을 당했던 것은 불행해서가 아니라 하늘이 그의 간사하고 교활
했던 것에 화내서 사람의 손을 빌어다가 명백하게 살육한 것이 아닐
는지?"라고까지 말하고 있다.

그리고 김종직의 학문에 대해서도 "가학(家學)을 주위 모으고 문장
공부를 해서 스스로 발신(發身)했던 사람에 지나지 않았다"고 하여 폄
하하고 있다. 이외에도 평소에 모친을 위하여 어쩔 수 없이 벼슬하는
듯이 말하고서 모친상을 마치고도 관직에서 물러나지 않은 일 등을
조목조목 열거하며 비판을 가하고 있다.[37]

허균의 이러한 김종직론은 도학자로서의 김종직의 행적과 학문 모
두를 인정하지 않는 것이다. 허균의 시각에서 김종직은 기껏해야 타
고난 문재(文才)를 이용해 출세한 사람에 지나지 않았던 것이다.

장유 역시 김종직의 행적에 대하여 의문을 나타내며 그의 명성이
적절하지 않음을 말하고 있다. 장유는 김종직과 함께 정몽주에 대해

---

37 『성소부부고』 제11권, 文部8, 論, 「金宗直論」: 金宗直 近世所謂大儒也 少嘗不肯
仕 先廟迫令赴擧 不得已登第 亦出入於侍從華顯矣 乃稱母老而勉仕 及母以天年
終 猶仕不止 其門人 金宏弼 或規其無建白 乃曰 仕非吾志 故不欲也 若宗直者
眞所謂私其利竊其名 優然徒朱軒赤紱者也 當靖亂日 宗直非有祿食如彭年三問
輩 非素蒙恩如時習也 特一鄕曲眇然韋帶之士 於舊君無可死之義 其不肯仕 固已
僞矣 雖僞而已立其志 則上縱逼之 矢死不赴可也 乃若怵禍而黽勉赴之者然 旣釋
褐 珥筆記言而挾策伏細旃 又以專城享其母 其私其利者矣 又欲竊其名 號之於人
曰 吾有吾親 吾終守西山之志 旣脫母制 則受敎之命 十年之間 躡取大司寇 宜若
休矣 猶貪戀不去 尸位素餐 不爲職分之當爲 及其門人言之 則爲遁辭以答之 是
果可爲君子 而罪當誅矣 世之至今稱其人不替 何哉 余竊覵其爲人 不過剺拾家學
爲文墨以自拔者 而其心則黠 欲高其名 以聳動一世人而惑主聽 爲竊利地 旣售其
計 則忖其才之不足於康濟 故似若可裕爲而不肯者 爲藏拙之端 其亦巧矣 其作義帝
文 述酒詩 尤爲可笑 旣仕則是我君 而乃詆之不遺餘力 其罪尤甚 身後之禍 非不
幸 而抑天怒其黠且巧 假手於人 以顯戮之耶 余憫世之人不求其形跡 徒崇其名
至今推以爲大儒 故特表而著之.

서도 이런 논의를 하였는데, 장유가 정몽주와 김종직에게 문제삼은 것은 둘 다 절의였다. 즉 정몽주는 우왕과 창왕 대에 벼슬을 하고도 창왕을 축출하여 그 공으로 공신까지 되었고, 김종직은 세조의 깍듯한 신하 노릇을 하고서도 「조의제문」을 지었으니, 마음과 행동이 모순되고 의리와 분수가 함께 무너졌다는 것이다. 그런데도 정몽주는 문묘에 종향(從享)된 뒤로는 후학이 그 잘잘못을 감히 다시는 거론하지 못하고, 김종직은 무오사화를 겪은 뒤로는 사람들이 또한 그 일을 논하려고 하지 않는다는 것이다.[38]

장유는 김종직의 행적에 석연치 않은 점이 있음에도 불구하고, 그의 사후 무오사화가 일어나 당시 김종직은 천하의 역적으로 단죄되었으나, 폐주에 의하여 일어난 무오사화는 오히려 그에게 희생자의 이미지를 덧씌워 그의 석연치 않은 행적을 덮어 주는 역할을 했다고 보는 것이다.

이긍익은 「조의제문」을 짓고 세조 대에 벼슬을 한 김종직의 행적을 문제 삼는다. 즉 세조에게서 벼슬을 한 것과 「조의제문」을 지은 두 행위의 모순을 지적하는 것이다. 이긍익은 특히 김종직의 제자 남효온이 세조가 왕위에 오른 이후 과거 보기를 그만두고 평생을 방외지사(方外之士)로 보낸 것과 김종직의 행동을 비교하여 '출처(出處)에 조금 부족한 점이 있다'고 지적한다.[39] 이긍익의 비판은 세조의 계유정란과 즉위의 부당성에 항거하여 희생되거나 절의를 지킨 사육신과 생육신 등의 절의지사들과 비교해 보았을 때 김종직의 행적에 석연치 않은

---

38 『계곡만필』권2, 漫筆, 「圃隱佔畢齋皆有重名於斯文而皆有大可疑處」: 我東有二大儒 皆有重名於斯文 而皆有大可疑處 圃隱能以死殉國 而禍, 昌之廢黜 不能有所樹立 至列於九功臣 此一可疑也 佔畢齋委質光廟 而弔義帝之作 大犯春秋諱尊之義 蓋有是心則不當立於其朝 旣立其朝則不當作此文也 心事矛盾 義分俱虧 此二可疑也 自文忠從享文廟 後學不敢復議其得失 而戊午史禍之後 人亦不欲論其事 未知千載尙論 以爲如何也.

39 『연려실기술』권6, 燕山朝故事本末, 戊午黨籍, 「金宗直」: 公之前後出處 有些未瑩處.

점이 있다는 것이다.

허균과 장유, 이긍익은 모두 김종직이 「조의제문」을 지은 행위와 세조 치하에서 과거를 보고 관직에 진출하여 벼슬한 행적의 모순을 문제삼아 비판한 것이다.

후대 학자들이 김종직에 대하여 제기하는 또 다른 문제는 김종직이 도학자인가 문사인가 하는 것이다. 이황은 "김점필은 학문하는 사람이 아니었고, 평생 일삼은 사업이 다만 시문을 수식하는 데 있었으니 그 문집을 보면 알 수 있다"[40]라고 말했다.

또 이익은 "김종직은 다만 하나의 문사일 뿐이다. 세조 조에 급제한 후에 관직이 육경(六卿)에까지 이르렀는데, 그 「조의제문」은 분명히 우의(寓意)한 글이니 이 무슨 도리인가?"[41]라고 하여 김종직의 학문과 행적 모두에 대하여 의문을 제기하고 있다.

김종직을 도학자로서보다 문사로 평가한 사람은 이외에도 이덕무와 장유가 있다. 이 둘은 김종직의 학문에 대해서는 언급하지 않고 다만 뛰어난 문사로 평가하고 있다.[42]

또 송시열은 정몽주에서 조광조에 이르는 조선 전기 도통의 계보에 대하여 근본적인 의문을 표시하고 있다. 「용인현심곡서원강당기(龍仁縣深谷書院講堂記)」에서 송시열은 정몽주를 도학의 조종으로 삼는 것은 타당하다고 본다.

그러나 정몽주에게서 받은 학문을 길재가 김숙자에게 전하고, 다시 김종직을 거쳐 김굉필에게서 조광조로 전해졌다는 것은 정론이 되지 못하는 듯하다고 하였다. 중간의 두어 사람은 그 단서만을 발했을 뿐

---

40 『학봉선생문집』, 『續集』 권5, 雜著, 「退溪先生言行錄」: 金佔畢非學問底人 終身事業 只在詞華上 觀其文集 可知.

41 『성호사설』 권9, 人事門, 「金馹孫挽詩」: 佔畢齋金宗直特一文士 擢第於世祖朝 後官至六卿 其弔義帝文分明寓意 是甚道理.

42 『청장관전서』 권34, 淸脾錄 3, 「李益齋」. 『谿谷漫筆』 제1권, 漫筆, 「我朝之文章大家有三」.

이고, 조광조가 김굉필에게서 수학했다는 사실만이 속일 수 없다는
것이다.[43] 송시열이 쓴 이 글의 전체적인 의미를 살펴보면 그가 말하
는 '중간의 두어 사람'에는 김종직을 포함하고 있음이 분명하다 하겠
다. 송시열은 이렇게 말하는 근거를 "여러 노선생(老先生)의 언론(言論)
과 선생의 풍지(風旨)로써 본다면"이라고 말하고 있는데, 조선 전기 도
통에서 그 행적과 학문적 성향에 대한 문제 제기가 가장 많이 이루어
진 사람이 김종직이기 때문이다. 그러나 송시열은 그 '두어 사람'을
완전히 부인하는 것은 아니고 단서를 발한 공은 인정하고 있다.

송시열은 또 다른 글에서는 조선 도학에서 차지하는 김종직의 위
치를 대단히 높게 평가하고 있기도 하다. 즉 「김기지(金起之)에게 보내
는 편지」에서는, "무오년과 기묘년의 화는 참으로 참혹하였네. 그 후
신원하고 높이는 일에 다하지 않음이 없었으나 오직 점필공에 대해
서는 유감이 없지 않네"라고 하여 김종직에 대한 추숭이 부족함을 말
하고 있다. 그리고 "염계 주자(濂溪周子)가 비록 전하지 않는 공맹(孔孟)
의 실마리를 이었으나, 두 정씨(程氏)를 얻어 사도(斯道)가 크게 밝아진
후에 사람들이 주자(周子)의 공이 매우 크다는 것을 알았네. 지금 점
필공을 감히 주자(周子)에게 비할 수는 없으나, 우리나라에서 그 공을
논한다면 결코 소홀하게 간주할 수는 없을 것 같네"[44]라고 하였다.
이는 김종직이 도학을 전수받아 김굉필 등의 제자들에게 전해준 공
을 인정하는 말이라고 할 수가 있다.

43 『송자대전』 권143, 記, 「龍仁縣深谷書院講堂記」: 其以圃隱爲東方理學之宗者 蓋
圃隱始以程朱之說 啓牖東土 其橫竪說話 直契無違 則其謂之理學之宗者 不亦宜
乎 至其以金司藝叔滋爲傳圃隱之學於冶隱 以授其子畢齋 以至於金文敬公而遂
及於先生 則竊恐不得爲不易之定論也 先賢授受之統 非後學所敢議 然竊以諸老
先生之尙論及以先生言論風旨觀之 則竊謂中間數君子特以發其端而已 惟受學於
文敬公者 不可誣也.
44 『송자대전』 권53, 書, 「與金起之」: 濂溪周子 雖繼孔孟不傳之緒餘 然得二程而斯
道大明 然後人知周子之功甚大 今佔畢公 雖不敢擬於周子 然自吾東 論其功 則
恐不可歇後看也.

위에서 후학들이 지적한 김종직의 학문과 행적의 문제에도 불구하고, 연산군 대에 들어 김종직의 제자들이 작성한 사초가 문제가 되어 무오사화가 일어나 그의 제자들을 중심으로 한 많은 사람들이 죽임을 당하거나 귀양가고, 이미 죽은 김종직이 부관참시를 당하면서 그에게는 부당한 정권에 의한 희생자의 이미지가 강하게 부여되었다. 그러므로 조선의 도통을 말할 때는 오늘날까지도 김종직의 이름이 반드시 거명되는 것이다. 몇 차례의 사화에서 사림들이 많은 희생을 당했음에도 불구하고 이후 사림의 세력은 점점 커져 선조 때부터는 사림이 정계에서 완전히 자리를 잡았다. 그 후 사림 정권 아래서 김종직의 생전 행적보다는 김굉필과 정여창, 김일손 등의 제자를 길러내어 도학의 맥을 잇게 한 공이 부각되었던 것이다.

4. 무오사화와 김종직

김종직은 부친인 김숙자가 소망하던 대로 사림으로서 중앙 정계에 진출하여 확고하게 자리를 잡았다. 학문적으로도 인정을 받아 오랫동안 경연관의 자리에 있었고, 시문에서도 일가를 이루어 그의 도학적 업적을 의심하는 사람들도 그의 글만은 폄하하지 못했으며, 많은 제자들을 길러내어 정계에서 훈구대신들을 견제할 만한 세력을 형성하게 한 공 역시 부정할 수 없다.

그러나 김종직이 죽고 난 직후에 그의 시호(諡號)를 둘러싸고 벌어진 사태에서 볼 수 있듯이, 김종직은 죽고 나서도 자신의 제자들이 주축인 사림 출신의 관료들과 훈구 세력의 갈등의 중심에 있게 되었다.

김종직 사후 그에게 내려진 시호 문제를 둘러싸고 벌어진 사건의 간단한 전말을 살펴보자. 김종직이 세상을 뜬 성종 23년에 그에게 문충(文忠)이라는 시호가 내려졌는데, 이 해 말인 12월에 의정부에서 김종직의 시호를 바꾸어야 한다는 주장이 나오기 시작했다. 김종직의 시호가 그의 재주와 행실에 맞지 않게 높게 내려졌다는 것이다.

심지어는 문충이라는 시호를 올린 봉상시를 국문하기를 청하는 논의까지 있었다. 즉, 김종직의 시호를 논정하면서 이원(李黿)이 올린 글 가운데 '청렴하되 소견이 좁지 않고 온화하되 시류에 휩쓸리지 않았다' '덕과 인에 의거하였다'는 말들은 모두 성인(聖人)에게나 어울리는 말이지 김종직에게는 해당되지 않는다는 것이다. 또 '후진들을 인도하여서 도와주었다'[45]고 했는데, 김종직이 인도한 것은 시문(詩文)뿐이지 도학(道學)으로 인도하여 도와준 것은 아니라고 하였다.[46] 결국 김종직의 시호는 성종 24년 4월에 문충에서 문간(文簡)으로 바뀌게 되었다.

시호가 바뀌면서 김종직에 대한 논란은 일단락되는 듯이 보였다. 그러나 정작 조선을 뒤흔든 큰 사건은 그가 죽고 6년 뒤에 일어났다.

김종직 사후 2년 뒤에 성종이 승하하고 연산군이 즉위한 지 4년 만에 무오사화가 일어나는데, 김종직의 글 한 편이 훈구 세력에게 김종직의 제자들을 중심으로 한 사림 세력을 제거하는 명분을 주었기 때문이다.

무오사화는 연산군 4년에 유자광의 논의에서 시작되었다. 처음에 김일손을 잡아들여 문초를 한 것은 김종직과는 관련이 없는 일이었다. 『연려실기술』의 기록에 의하면, 김일손의 사초를 처음 문제 삼기 시작한 이는 이극돈이었다.

김일손이 사관으로 있으면서 이극돈이 성종의 상중(喪中)에 기생과 어울린 일과 뇌물을 받은 일을 사초에 썼다. 그런데 성종 사후에 『성

---

45 『점필재집』, 문집, 부록, 「연보」.
46 『성종실록』 24년 계축(1493) 1월 9일 참조.

연산군일기 무오년(1498)
7월 17일 기사 부분

종실록』을 편수하기 위한 사국(史局)을 열었는데, 당상관인 이극돈이 그 기록과 세조 때의 일을 쓴 것을 보고 유자광에게 의논하였다. 그러자 유자광은 또 노사신(盧思愼)·윤필상(尹弼商)·한치형(韓致亨)·신수근(愼守勤)과 의논하고 연산군에게 고하였다는 것이다.

연산군 4년 무오년(1498) 7월 11일에 연산군은 김일손이 쓴 사초를 모두 들여오라고 명하였다. 그러나 사초는 임금이 볼 수 있는 것이 아니었고, 이러한 이유로 이극돈과 유순, 윤효손, 안침 등이 불가하다고 반대했다. 그럼에도 불구하고 연산군이 그 명령을 철회하지 않자 임금이 살펴볼 만한 곳을 가려 올리겠다고 하고는 여섯 곳을 뽑아 올렸다. 그리고 7월 12일에는 풍병(風病)으로 함양에서 요양하고 있던 김일손을 잡아들여 국문하였다. 이때 국문의 내용은 성종 때의 사초에 세조의 일을 언급한 이유와 전에 소릉(昭陵)[47]을 복구하기를 청한 이유에 대한 것이었다.

그러다가 김종직의 「조의제문」이 언급되기 시작한 것은 7월 13일 김일손의 공초에서다. 김일손에 대한 국문이 계속되면서 사건은 확대되기 시작하였고, 드디어 7월 15일에 유자광이 김종직의 「조의제문」을 들고 임금에게 나가 구절마다 세조의 일에 빗대어 풀어 주면서 임금의 분노를 부채질하고, 김종직의 문집과 그 판본을 불태우고 간행한 사람까지 죄를 물을 것을 청하였다.

이 사건을 대하는 연산군의 분노는 걷잡을 수 없을 정도가 되어 7월 17일에는 「조의제문」과 김종직에 대한 처벌을 논의하는 자리에서 자신의 마음에 들지 않는 말을 했다는 이유로 집의(執義) 이유청(李惟淸)과 사간(司諫) 민수복(閔壽福)의 논의에 직접 표시를 했다가 이들을 잡아다가 형장 30대씩을 때리기까지 하였다.

김종직의 「조의제문」에 대해 연산군은 다음과 같이 풀이하였다.

'조룡(祖龍)이 아각(牙角)을 농(弄)했다'에서 조룡은 진시황(秦始皇)인데, 종직이 진시황을 세조에게 비한 것이요, 그 '왕위를 얻었으니 백성의 소망을 따른 것이다'고 한 구절의 왕은 초(楚) 회왕(懷王) 손심(孫心)인데, 처음에 항량(項梁)이 진(秦)을 치고 손심을 찾아서 의제(義帝)를 삼았으니, 종직은 의제를 노산(魯山)에게 비유한 것이다. 그 '산양처럼 거칠고 이리처럼 탐욕스럽게 관군(冠軍)을 함부로 무찔렀다'고 한 것은, 종직이 산양처럼 거칠고 이리처럼 탐욕스럽다는 것으로 세조를 가리키고, 관군을 함부로 무찌른 것으로 세조가 김종서(金宗瑞)를 벤 것

---

47 소릉(昭陵): 문종비이며 단종의 모후인 현덕왕후(顯德王后)의 능이 소릉이기 때문에 현덕왕후를 이렇게 부르는 것이다. 현덕왕후는 세자빈이었을 때 단종을 낳고 문종이 즉위하기 전에 세상을 떴다. 현덕왕후는 단종의 생모라는 이유로 종묘에서 신주가 철거되고 관곽이 파헤쳐졌기 때문에 훗날 남효온과 김일손 등 사림들이 소릉 복위를 주장하였다.

에 비한 것이요, 그 '어찌 잡았다가 베는 도끼에 기름칠 아니 했느냐'
고 한 것은, 종직이 노산이 왜 세조를 잡아 버리지 못했는가 하는 것
이다. 그 '반서(反噬)[48]를 입어 젓과 포가 되었다'는 것은, 종직이 노산
이 세조를 잡아 버리지 못하고, 도리어 세조에게 죽었느냐 하는 것이
요, 그 '자양(紫陽 – 주희의 별호)의 노필(老筆)을 따름이여, 간절히 잊지
못하여 생각이 불안하다'고 한 것은, 종직이 주자(朱子)를 자처하여 그
마음에 부(賦)를 짓는 것을, 『강목(綱目)』을 지은 것에 비유한 것이다.
그런데 일손이 그 글에 찬(贊)을 붙이기를 '이로써 충분(忠憤)을 부쳤
다' 하였다.[49]

그리고 다음과 같이 전교를 내린다.

우리 세조 대왕께서 국가가 위태로운 때를 당하여, 간신이 난(亂)을 꾀
해 화(禍)의 기틀이 일어나려는 찰나에 역적의 무리들을 베어 없앰으
로써 종사가 위태했다가 다시 안정되어 자손이 서로 계승하여 오늘에
이르렀으니, 그 공과 업이 높고 커서 덕이 백왕(百王)의 으뜸이신데,
뜻밖에 종직이 그 문도들과 함께 성덕(聖德)을 기롱하고 논평하여 일
손으로 하여금 역사에 무고하여 기록하게 하는 지경에까지 이르렀으
니, 이것이 어찌 일조일석의 연고이겠느냐. 속으로 섬기지 않을 마음
을 가지고 세 조정을 내리 섬겼으니, 나는 이제 생각할 때 두렵고 떨
림을 금치 못한다. 동서반(東西班) 3품 이상과 대간·홍문관으로 하여

---

48 반서(反噬): 동물이 길러 준 은혜를 알지 못하고 주인을 문다는 말. 곧 은인을 배반
하여 해침을 뜻한다.
49 『연산군일기』 4년 무오(1498) 7월 17일: 其曰 祖龍之弄牙角者 祖龍秦始皇也 宗直
以始皇比世廟 其曰 求得王而從民望者 王楚懷王孫心 初項梁誅秦 求孫心以爲義
帝 宗直以義帝比魯山 其曰 羊狠狼貪 擅夷冠軍者 宗直以羊狠狼貪指世廟 擅夷
冠軍 指世廟誅金宗瑞 其曰 胡不收而膏齊斧者 宗直指魯山胡不收世廟 其曰 爲
醢腊於反噬者 宗直謂魯山不收世廟 反爲世廟醢腊 其曰 循紫陽之老筆 思躊躇以
欽欽者 宗直以朱子自處 其心作此賦 以擬綱目之筆 馹孫贊其文曰 以寓忠憤.

금 형을 의논하여 아뢰도록 하라.[50]

이러한 전교를 들은 신하들은 다투어 그 죄상의 극심함을 논하면서 김종직의 죄는 부관참시가 마땅하다고 말한다. 그런데 여기서 주목할 것은 김종직의 제자이면서 그 행장을 지은 표연말(表沿沫)조차도 그 죄가 베어 마땅함을 주장하고 있다는 것이다. 이는 김종직과 김일손 등 그 제자들을 논죄하는 당시의 분위기가 어떠했는지를 단적으로 말해 주는 것이다.

이어서 김종직이 도연명(陶淵明)의 「술주(述酒)」라는 시에 화답하여 지은 「화도연명술주(和陶淵明述酒)」의 내용이 논죄의 대상이 되었다. 이 시의 서문[51]을 가지고 윤필상 등은 다음과 같이 해석하여 연산군에게 올린다.

'이는 영릉(零陵)[52]을 애도하는 시다'라고 한 것은, 영릉을 노산(魯山)
에 비한 것이요, 그 '유유의 임금을 죽이고 자리를 빼앗은 죄'라 한 것

---

50 『연산군일기』 4년 무오(1498) 7월 17일 : 念我世祖大王當國家危疑之際 姦臣謀亂 禍機垂發 誅除逆徒 宗社危而復安 子孫相繼 以至于今 功業巍巍 德冠百王 不意 宗直與其門徒 譏議聖德 至使馹孫誣書於史 此豈一朝一夕之故 陰蓄不臣之心 歷 事三朝 余今思之 不覺慘懼 其令東西班三品以上 臺諫弘文館 議刑以啓.

51 「화도연명술주」의 서문은 다음과 같다. "내가 젊어서 도연명의 술주시(述酒詩)를 읽고 자못 그 뜻을 알지 못했다가, 뒤에 화도시(和陶詩)에 대한 탕동간(湯東澗 : 동간은 송나라 湯漢의 호)의 주소(註疏)를 본 다음에야 영릉(零陵)을 위한 애시(哀詩)임을 알게 되었다. 아, 탕공이 아니면 유유(劉裕)의 찬시(簒弑)한 죄와 연명(淵明)의 충분(忠憤) 어린 뜻이 거의 숨겨질 뻔하였다. 그 은어(隱語)를 쓰기 좋아한 것은 바로 그의 생각에 유유가 이때에 한창 날뛰는지라 자신의 힘이 용납될 수가 없는 형편이니, 자신은 다만 몸이나 깨끗하게 할 뿐이요, 언어(言語) 가운데 그런 일을 드러내서 멸족(滅族)의 화를 자초해서는 안 된다고 여겼던 때문이다. 그러나 지금 나의 경우는 그렇지 않다. 천 년 뒤에 태어났는데 유유에게 무엇이 두렵겠는가? 그러므로 유유의 흉역한 행위를 다 드러내서 탕공의 주소 끝에 부치노니, 후세의 난신적자(亂臣賊子)가 나의 시를 보고 두려워할 줄을 알게 된다면 이 또한 삼가 『춘추(春秋)』의 일필(一筆)에 견주는 바이다."(『점필재집』, 시집 11권, 詩, 「和陶淵明述酒」).

52 영릉(零陵) : 남북조시대 동진(東晉)의 공제(恭帝)를 말하는데, 유유(劉裕)에게 양위했다가 죽임을 당했다. 유유는 동진을 멸하고 송(宋)을 세웠다.

은 유유를 세조에게 비한 것이요, 그 '『춘추』의 일필(一筆)에 비교한
다' 한 것은 맹자(孟子)가 '『춘추』가 지어지자 난신적자가 두려워했다'
고 말했으므로 『춘추』에 비한 것이요, 그 '창천(蒼天)을 속일 수 있다
생각하여 높이 요순의 업적을 읍한다' 한 것은, 유유의 수선(受禪)을
세조에게 비한 것이옵니다.[53]

    김종직의 글이 이렇게 해석되면서 김종직은 단번에 세조를 부정하
는 마음을 품고 세조를 비롯한 세 임금을 섬긴 역도로 몰리게 되었
다. 그리하여 김종직의 제자들, 그리고 김종직의 글을 읽은 사람들,
김종직의 시호를 문충으로 논의한 글을 지은 이원, 김종직의 행장을
지은 표연말, 그리고 안응세(安應世)와 홍유손을 남효온의 시를 근거
로 김종직의 일파라 하여 끌어들였다. 또 김종직의 문집을 중국에 사
신으로 가면서 가지고 간 성절사(聖節使) 조위(曺偉), 서장관(書狀官) 정
승조(鄭承祖)를 가두고 심문하기까지 했다. 심지어는 예산(禮山) 향시(鄕
試)에서 김종직의 시호를 바꾼 일을 책제(策題)로 낸 황인(黃璘)・유인
호(柳仁濠)・김준손(金俊孫)을 국문하기도 하였다. 결국 김종직과 관련
된 사람들, 김종직의 글을 읽은 사람들까지 하루아침에 줄줄이 역도
로 엮인 것이다.

    그 결과, 대역(大逆)의 죄를 물어, 이미 죽어 땅속에 묻힌 김종직의
관을 꺼내어 부관참시를 하고 그의 문집을 모두 거두어 불태워 버렸
다. 또 정부인(貞夫人) 문씨(文氏)는 운봉현(雲峰縣)의 관노비로 보내졌고,
아들 숭년(嵩年)은 이때 나이가 13세로 어렸기 때문에 참형은 면하고
합천군(陜川郡)에 안치되었다. 또 사관으로서 사초에 「조의제문」과 「화
도연명술주」에 대한 내용을 기록한 권오복(權五福)・김일손・권경유(權

---

53 『연산군일기』 4년 무오(1498) 7월 17일 : 其曰 此零陵哀詩也 以零陵比魯山 其曰
劉裕篡弑之罪 以劉裕比世廟 其曰 以寓春秋之一筆 孟子曰 春秋作而亂臣賊子懼
以春秋自比 其曰 蒼天謂可欺 高揖堯舜勛 以劉裕受禪 比世廟也.

景裕)는 능지처사를 당하고 그들이 쓴 사초는 모두 불태워 버렸다. 또 이목(李穆)과 허반(許磐)은 참형을 당하고, 다른 제자와 관련 인물들은 난언(亂言), 붕당(朋黨) 등의 죄목을 붙여 장을 때려 노비로 삼거나 유배형에 처하고 그들의 가산은 모두 몰수하였다. 일이 일단락된 다음, 7월 27일에 일의 전말을 종묘사직에 고하고, 간당(奸黨)을 베어 없앤 것을 기념하여 사면령을 반포하였다. 그리고 이 사건을 담당한 추관(推官)이었던 당상(堂上)·낭청(郎廳)과 의금부 낭청·이졸(吏卒)에 이르기까지 차등을 두어 포상하였다.[54]

그런데 7월 27일 이후에도 유자광 등은 계속해서 김종직과 연관된 사람들을 온갖 연유를 붙여 끌어들이며 죄 줄 것을 청하고 국문을 계속했다.

무오사화의 과정을 보면, 처음 유자광과 이극돈 두 사람이 김일손의 사초의 내용을 문제 삼는 데서부터 시작되어 사초에 실린 글의 저자인 김종직으로 번지고, 다시 김종직의 제자로 정계에 진출한 사람들에게로 점점 넓어지는 양상을 보인다. 무오사화에서 국문을 당하고 처벌을 받은 사람들은 김종직의 시호 논정에 간여한 사람들과, 사초에 김종직의 글을 올린 사람들, 심지어는 김종직의 글을 읽은 사람들, 중국에 사신으로 가면서 김종직의 문집을 가지고 간 사람들까지 김종직과 관계된 모든 사람들이 망라되어 있다고 해도 과언이 아니다. 결국 이 일로 인해 김종직이 중앙 정계에 진출하여 안정적으로 자리를 잡은 이후 조정에 진출하기 시작한 사림은 무오사화 이후 전멸되다시피 했다.

결국 무오사화는 생전에 벼슬을 내놓고 밀양으로 내려간 김종직에게 녹을 내리는 문제와 사후 시호 문제에서부터 불거지기 시작한 사림과 훈구대신들의 갈등이 연산군 대에 와서 폭발한 것이라고 할 수

---

54 『연산군일기』 4년 무오(1498) 7월 27일 참조.

있다. 무오사화의 일이 만들어지고 확대되는 과정에서는 유자광의 역할이 가장 컸다. 처음 김일손이 사초에서 세조 조의 일을 기록한 것을 문제 삼기 시작한 유자광은 문제를 점점 확대시켜 많은 사람을 끌어들여 조정에서 사림을 몰아내기까지 이르렀다.

조선 후기의 유학자 이긍익은 『연려실기술』에서 유자광이 이렇게 김종직을 부관참시하고 그의 제자들을 몰아내는 데 앞장선 이유가 자신이 함양군에 새겨서 걸어 둔 시를 함양군수로 부임한 김종직이 떼어 불태워 버린 데 앙심을 품었기 때문이라고 했다. 유자광은 성종의 명으로 김종직이 써서 현판으로 달아둔 환취정(環翠亭)의 기문(記文)을 철거할 것을 청했는데, 후일 사람들은 이것을 이전의 함양에서의 일을 보복한 것이라고도 하였다.[55] 여기에 김일손의 사초에 자신의 비행이 실린 이극돈이 그것을 없애 보고자 기름을 붓고, 여기에 불을 댕긴 것이 연산군이다.

무오사화에는 사초(史草)의 기록 내용이 발단이 되는데, 본래 사초는 사관 이외의 사람이 볼 수 없는 것이었고, 그것은 임금도 예외가 아니었다. 그리고 사초의 내용이 문제가 되지 않게 하기 위하여 실록 편찬 뒤에는 그 기록을 모두 없애 버리기까지 할 정도로 관리에 철저하였다. 그러므로 사관은 자신이 보고 들은 것을 객관적 입장에서 서술해야 하며 자신의 의견을 기록할 때는 반드시 자신의 의견임을 밝혀야 했다. 이 모든 조처는 역사 편찬의 객관성을 유지하기 위한 장치들이었다. 그러나 이런 원칙이 깨지고, 사초의 내용이 문제가 되면서 그 글의 저자인 김종직과 그 글을 실은 김일손, 그리고 김종직의 제자들이 모두 죄를 얻게 된 것이다.

이렇게 연산군과 유자광, 윤필상 등은 「조의제문」과 「화도연명술주」를 세조의 일과 연관지어 김종직과 그 제자들을 논죄하였는데, 김일손

---

55 『해동야언』 2, 「柳子光傳」 참조.

과 권경유, 권오복이 작성한 사초의 내용을 보면, 김종직의 본래 의도가 어떠했든 제자들은 이 두 글을 세조와 단종의 일에 연관시켜 해석하였고, 또 그러한 의도를 가지고 사초에 실은 것이 분명해 보인다.

권경유가 기록한 사초에는 "김종직이 일찍이 「조의제문」을 지었는데, 충의가 분발하여 보는 사람이 눈물을 흘렸다"[56]라고 하였고, 권오복의 사초에는 "김종직이 일찍이 「조의제문」을 지었는데, 간곡하고 측은하고 침통하여 남이 말 못하던 데를 말하였으므로 사람들이 전해 외웠다"[57]고 하였다.

또 김일손은 공초에서 "사초에 이른바 '노산(魯山)의 시체를 숲속에 던져 버리고 한 달이 지나도 염습(斂襲)하는 자가 없어 까마귀와 솔개가 날아와서 쪼았는데, 한 동자가 밤에 와서 시체를 짊어지고 달아났으니, 물에 던졌는지 불에 던졌는지 알 수가 없다'고 한 것은 최맹한(崔孟漢)에게 들었습니다. 신이 이 사실을 기록하고 이어서 쓰기를 '김종직이 과거 보기 전에 꿈속에서 느낀 것이 있어, 「조의제문」을 지어 충분(忠憤)을 부쳤다' 하고, 드디어 종직의 「조의제문」을 썼습니다"[58]라고 하였다.

김종직의 글을 세조의 일과 연관시켜 이해하고 그것을 사초에 기록한 김종직의 제자들은 이 일이 이러한 결과를 가져오리라고는 추호도 생각하지 않았던 것 같다. 김일손은 연산군을 대신하여 국문하는 윤필상 등에게 다음과 같이 말하였다.

소릉의 복구를 청한 것과 난신(亂臣) 등을 사절(死節)로 쓴 것은, 황보

---

56 『연산군일기』 4년 무오(1498) 7월 17일: 宗直嘗作弔義帝文 忠義憤發 見者流涕.
57 『연산군일기』 4년 무오(1498) 7월 19일: 金宗直嘗著弔義帝文 懇惻沈痛 道人所不道處 士林傳誦.
58 『연산군일기』 4년 무오(1498) 7월 13일: 馴孫供 史草所云 魯山屍身棄于林薄 旬月無斂者 烏鳶來啄 有一童行夜負屍而走 不知投諸水火 云者 聞諸崔孟漢 臣旣記此事 繼書曰 宗直未釋褐 嘗感夢作弔義帝文 以寓忠憤 遂書宗直弔義帝文.

인(皇甫仁)·김종서(金宗瑞)·정본(鄭苯) 등이 섬기는 바에 두 마음을 갖
지 않았으니, 제왕이 마땅히 추앙하고 권장할 일이기 때문에 정본을
들어 전조(前朝)의 정몽주(鄭夢周)에게 비하였고, 또 황보인·김종서를
쓰면서 절개로 죽었다고 한 것입니다. 세조께서는 영웅호걸이신 임금
으로서 혼란을 없애고 중흥(中興)의 업을 이룩하셨고, 성종 대왕께서
는 대마다 나지 않는 영결한 임금으로 이룩한 업적을 유지하고 수성
(守成)을 하셨는데, 전하께서 성종의 업을 계승하셨으니 오늘날 사람
들이 모두 조정에 서고자 합니다. 그러므로 공손히 삼가 직(職)에 죽겠
다는 것이 바로 신의 마음이기에 종사(從仕)한 것입니다.[59]

이 말은 당시 김일손을 비롯한 사화에 연루된 사람들의 생각을 단
적으로 드러내 준다고 할 수 있다. 조선의 개국 과정에서 태종은 역
성혁명에 끝까지 반대한 정몽주를 죽였다. 그리고 자신이 왕위에 오
르고 나서는 수성기(守成期)에 접어든 왕조에 대한 충의를 장려하기
위하여 정몽주를 복권시키고 만고의 충신으로 삼아 그 충절을 포장
하였다.

김일손은 계유정란 당시 세조에게 맞선 황보인과 김종서, 그리고
단종의 복위를 꾀하다 죽은 사육신 등을 정몽주와 같이 생각한 것으
로 보인다. 즉 그들이 섬기는 바에 두 마음을 갖지 않았으니 제왕이
마땅히 추앙하고 권장할 일이라고 본 것이다. 이러한 맥락에서 볼 때
의제(義帝)의 일을 빌어 단종을 추모한 김종직이나 그 일을 드러내어
사초에 기록한 제자들의 행위는 그 대상이 어떠하든 유학적 충절이
라는 기준에서 보면 아무 문제될 것이 없다. 김종직의 생각도 이와

---

59 『연산군일기』 4년 무오(1498) 7월 13일: 請復昭陵及亂臣等以死節書之者 皇甫仁金
宗瑞鄭苯無貳心於所事 帝王所當推奬 故以苯比前朝鄭夢周 又書皇甫 金曰 死之
世祖以英雄豪傑之主 掃除昏亂 成中興之業 成宗以不世出之主 持盈守成 而主上
繼成宗之業 當今之人皆欲立朝 而恪勤死職 乃臣之心 故從仕耳.

같았던 것으로 보인다. 『해동잡록』에는 다음과 같은 내용이 있다.

> 점필재 김종직이 성종에게 아뢰기를, "성삼문은 충신입니다" 하니, 성
> 종의 안색이 변하자, 공(公)이 천천히 말하기를, "만약 변고가 있으면
> 신은 성삼문이 되겠습니다" 하니, 성종의 낯빛이 평온해졌다.[60]

이는 정몽주를 복권하고 추증하며, 길재의 절의를 높이 사 그의 출
사를 강요하지 않은 태종의 생각과 같은 맥락에 있는 것이다. 즉 '섬
기는 바를 오로지 하여 두 마음을 갖지 않는다'는 말은 권근이 태종
에게 정몽주를 추증할 것을 권하는 상소에 나오는 표현이며, 이러한
측면에서 보면 김종직의 이러한 태도는 문제될 것이 없다. 다만 「조
의제문」을 짓고, 또 세조에게서 벼슬을 한 김종직의 행적은 신념의
일관성이나 절의라는 측면에서 볼 때 석연치 않은 점이 있는 것은 사
실이다. 이 때문에 허균을 비롯한 여러 후학들에게 신랄한 비판을 받
은 것이다.

사림의 입장에서 볼 때 조선 전기는 수신과 강학을 통해 실력을
쌓고 역량을 강화해 가는 시기였다. 그리고 조선이 안정기에 접어들
고 나서, 의리의 갈등에서 벗어나게 된 세대들이 수신과 강학을 통해
연마한 실력을 바탕으로 중앙 정계로 진출했다. 그러나 이미 훈구 세
력이 확고하게 장악하고 있던 중앙 정계로의 진출은 순탄할 수가 없
었고, 훈구와 사림의 갈등은 사화로 폭발되었다. 사화에서 희생된 것
은 사림이었으나, 역사적으로 볼 때 승자는 훈구 세력이 아닌 바로
이들 사림이었다. 사화에서 희생된 사림이 정권에 의해 그 이념적 정
당성을 부여받았고, 이로 말미암아 조선 중기 이후 사림은 정계에서
확고하게 자리를 잡기 때문이다.

---

60 『해동잡록』 4 本朝, 成三問: 成三問是忠臣也 成廟色變 公徐曰 脫有變故 則臣當
爲成三問 成廟色定.

사림파 도학자들의 정당성에 대한 인정은 건국 초기 왕조 교체에 반대하는 정몽주를 제거하고 역적으로 몰아넣고서는 얼마 지나지 않아 충신으로 그 절의를 포장한 데서부터 시작된 것이다. 이후 몇 차례의 사화와 중종반정을 거치면서 이러한 과정이 반복되었는데, 이는 결과적으로 본다면 조선 후기 사대부가 왕권에 앞서는 권력을 갖게 되는 과정이라고 할 수 있다.

정권에 의하여 희생된 사대부들이 반정 이후 그 반정을 정당화하려는 새 임금과 반정 세력에 의하여 복권되고 추증되면서, 사대부들이 왕권을 견제하는 명분과 더불어 정당성까지 갖는 결과를 가져왔기 때문이다. 무오사화에서 희생된 사림들과 김종직 역시 십여 년도 지나지 않아서 복권되고 추증되었다.[61]

그러나 무오사화로 인해 당장은 김종직 이후 본격적으로 관직에 진출하기 시작했던 사림들이 대부분 죽거나 귀양을 가게 되어 사림의 중앙 정계 진출은 좌절되는 듯이 보였다. 무오사화는 또한 살아남은 사림들에게도 영향을 끼쳐 사기가 떨어지고, 일반 백성들 사이에도 패배주의가 만연했다. 『연산군일기』에 실려 있는 다음 기록은 당시의 분위기를 잘 알 수 있게 해 준다.

> 자광은 바야흐로 제 세상인양 돌아보고 꺼리는 것이 없으니, 이욕만 즐기는 염치없는 무리들이 따라 붙어 노상 문에 가득했으며, 유림(儒林)들은 기가 죽어서 들어앉아 탄식만 하고 있었으므로 학사(學舍)는 쓸쓸하여 몇 달 동안 글을 읽고 외우는 소리가 없었다. 부형들은 그 자제를 경계하기를, "공부는 과거(科擧)에 응할 만하여 그만두어야 한다. 많이 해서 무엇 하느냐!"고 하였다.[62]

---

61 『중종실록』 1년 병인(1506) 10월 7일 조 참조.
62 『연산군일기』 4년 무오(1498) 7월 29일: 子光方自以得計 無復顧忌 嗜利無恥之徒 趨附者盈門 儒林喪氣 重足累息 學舍蕭然 數月間 無有讀誦聲 父兄戒子弟曰 學

'공부는 과거에 응할 만하여 그만두어야 한다'는 말은 그야말로 내적인 인격 수양이나 절의와 같은 비실용적인 도학 정신은 쓸데없는 의식을 키워 화를 불러올 뿐이라는 생각을 대변하는 것이다. 한마디로 '식자우환(識字憂患)'의 다른 표현이라고 하겠다. 그러나 땅에 떨어진 듯 보이던 사기는 다시 땅 밑에서 꿈틀대고 있었으니, 무오사화로 귀양 갔던 사람들이 적소에서 제자들을 가르치며 도학의 이념을 전파하고 있었기 때문이다. 중종 대에 철저한 도학 이념으로 무장하고 개혁에 앞장섰던 조광조가 스승인 김굉필을 만난 것 역시 김굉필의 적소인 희천(熙川)이었다.

5. 김종직의 제자들[63]

김종직은 조선 도학사에서 제자들로 인하여 그 존재감이 더 두드러지는 인물이다. 그는 평생을 관직에 있으면서, 문재(文才)로 이름이 나고, 성종에게 각별한 총애를 받았으며, 그로 인하여 사림의 정계 진출 발판이 마련되었지만 행적의 석연치 않음으로 인하여 당시의 제자들에게는 물론 후인들에게도 의심과 비판을 받았다. 그러나 그의 문하에서는 학문으로서뿐만 아니라 행적에 있어서도 일컬어지는 제자들이 배출되었고 김굉필과 정여창 두 사람은 문묘에 종사되기도 했다. 또 그의 제자들이 무오사화의 발발에 연관되어 있고, 그 가운데 상당수가 사화에 얽혀 희생 당하면서 김종직의 이름은 더욱 드러나게 되었다.

足以應科擧則止 何用多爲.

63 김종직의 제자들에 대해서는 『점필재집』 부록의 「문인록」과 남효온이 찬한 『사우명행록』, 이긍익의 『연려실기술』의 「연산조 고사본말」, 「무오당적」, 「갑자화적」 등을 참고하였다.

예림서원 전경

    김종직의 문집에는 「문인록」이 있는데, 거기에 이름이 실린 사람
은 모두 49명이다. 이 가운데 제일 첫머리에 실려 있는 김맹성(金孟
性)[64]은 「문인록」의 내용으로 보아 제자라기보다는 친구라고 하는 것
이 옳은 것 같다. 김맹성은 김굉필이 김종직과 더불어 사사(師事)한
사람이기도 하였다. 김맹성을 제외한 제자들 가운데 조선 도학사에
뚜렷한 족적을 남긴 몇 사람에 대해서 서술하고자 한다.

---

64 김맹성(金孟性): 1437, 세종 19년~1387, 성종 18년. 자는 선원(善源)이고, 호는 지지
    당(止止堂)이며, 해평(海平) 사람이다. 재상 정숙공(靖肅公) 안순(安純)의 외손이고,
    문숙공(文肅公) 안숭선(安崇善)의 생질이다. 김종직은 김맹성과 가장 정이 두터웠으
    니 왕래하면서 경학을 강론하고, 수창(酬唱)한 시는 헤아릴 수 없을 정도라고 한다.
    자신의 딸을 김종직의 아들 곤(緄)에게 시집보냈다. 유일(遺逸)로 천거되어 중부참봉
    (中部參奉)이 되었다가 과거에 급제하고 나서는 이조정랑(吏曹正郞)과 홍문관 수찬
    (弘文館修撰)에까지 올랐다. 문집으로 『지지당집』이 있다.

* 정여창(鄭汝昌, 1450, 세종 32년 ~ 1504, 연산군 10년)

김종직이 함양군수로 있던 42세 때 26세의 정여창은 그의 제자가 되었다. 정여창의 자는 백욱(伯勗)[65]이고, 호는 일두(一蠹)이며 하동 사람이다. 일두라는 호는 '한 마리 좀벌레'라는 뜻인데 정이천(程頤川)의 '천지간일두(天地間一蠹)'[66]라는 말에서 나온 것이다. 정여창은 서른 살에 명경행수자(經明行修者)를 구할 때 성균관에 의하여 천거되었으나 사양했고, 다시 마흔 살에 효행으로 천거되어 소격서 참봉(昭格署參奉)을 제수했으나 또 사양했다.[67] 같은 해 12월에 별시에 응시하여 합격하고 예문관 검열(藝文館檢閱)이 되었고, 안음현감(安陰縣監)에까지 이르렀다. 그의 나이 48세에 무오사화를 당하여 함경도 종성으로 유배되었는데, 유배지에서 이희증(李希曾), 고숭걸(高崇傑) 등의 제자를 가르치다가 54세인 1504년(연산군 10년) 4월에 유배지에서 죽었다. 이 해 9월에 다시 갑자사화가 일어나 부관참시를 당하였다.

중종 때에 도승지에 추증되고, 다시 우의정이 더해졌으며, 광해군 때에 문묘에 종사되었다.

정여창은 김굉필, 남효온, 김일손 등과 긴밀하게 교유하였다. 남효온이 찬한 『사우명행록(師友名行錄)』에는 정여창에 대하여 다음과 같이 기록되어 있다.

> 정여창은 자가 자욱(自勗)이다. 지리산에 들어가 3년 동안이나 나오지 않고 오경을 닦아 그 깊은 진리를 다 터득하여, 체(體)와 용(用)의 근원은 한가지이지만 갈라진 끝이 다른 것을 알았고, 선(善)과 악(惡)의 성(性)은 같으나 기질이 다른 것을 알았고, 유(儒)와 불(佛)의 도(道)는 같

---

65 정여창의 자는 백욱(伯勗)으로 나와 있는 곳도 있고, 자욱(自勗)으로 되어 있는 문헌도 있다.

66 『河南程氏遺書』 권17, 「伊川先生語三」.

67 『일두집』 권2, 附錄, 「事實大略」. 『성종실록』 21년 7월 26일(丙子)조 참조.

으나, 자취가 다르다는 것을 알았다. 그의 성리학은 성광(醒狂) 이심원
(李深源)이 존경하였다. 경자년에 왕이 성균관에 하교하여 경전에 밝
고 행실을 닦은 유생을 구하였는데, 성균관에서는 자욱이 제일이라 하
여 천거하였고, 지관사(知館事) 서거정(徐居正)은 자욱을 경연에 추천
하려고 하였으나 자욱이 이를 사양하였다.

계묘년에는 진사가 되었다. 그의 아버지 육을(六乙)이 이시애(李施愛)
의 반란 때 나라를 위해 죽었는데, 이때 자욱의 나이가 적었으나 거상
하는 데 결함이 없었고, 모친상에도 전례(典禮)의 수(數)나 죽을 먹는
일 등을 일체 『가례』에 따랐다. 경술년에 참의 윤긍(尹兢)이 그의 효행
과 학문은 사림 중에 으뜸이라고 천거하여 특별히 불러 소격서 참봉
을 삼았으나 자욱은 글을 올려 면직을 청하였다. 상이 하교하여 그를
포상하니, 명성이 더욱 높았다. 자욱은 성품이 단아하고 정중하며 술
을 마시지 않았으며 냄새나는 채소를 먹지 않고 소와 말고기를 먹지
않았다.[68]

이 글에는 정여창의 학문적 경향과 그의 풍모가 잘 나타나 있다.
우선 조선 전기 사림파로서 김종직의 영향을 받아 수신과 효 등의 실
천궁행에 주력하면서도 또 한편으로는 학문에도 매진하여 당시 대표
적 훈구 세력이었던 서거정에게도 인정을 받았던 듯하다.

그의 글은 몇 편 남아 있지 않아 자세한 학문의 내용을 파악하기
는 힘들다. 그러나 남효온과 같은 당시 사람들이나 후대인들의 기록

---

68 『추강선생문집』권7, 잡저, 『사우명행록』: 鄭汝昌字自勗 入知異山三年不出 明五
經 窮極其蘊 知體用之源同分殊 知善惡之性同氣異 知儒釋之道同迹差 性理之學
醒狂敬之 庚子年 上下敎成均館 求經明行修儒生 館中 擧自勗爲第一 知館事徐
居正將進伯而講經 自勗退 癸卯年進士 其父六乙 施愛之亂死國 是時自勗年少
居喪無闕 居母喪 典禮之數 饘粥之食 一依家禮 庚戌年 參議尹兢薦其孝與學 士
林無比 特召爲昭格署參奉 自勗上書請免 上下敎褒之 名益重 自勗爲人性端重
不飮酒醴 不茹葷菜 不食牛馬肉.

에 의하여 학문적 경향을 파악할 수는 있다. 남효온의 『추강냉화』에
는 그의 학문에 대하여 다음과 같이 기록되어 있다.

> 정여창은 주(周)·정(程)·장(張)·주(朱)의 생각과 같은 점이 있어 오경
> 에 통하였으나 다만 시(詩)를 하는 사람은 취하지 않았다. 그러면서 말
> 하기를 "시는 성정(性情)이 발한 것인데, 어찌 구구하게 억지로 공부를
> 하겠는가?"라고 했다.[69]

이는 스승 김종직이 시를 주로 하여 많은 시문을 남기고, 그로 인
하여 후학들에게 학문보다는 문장을 주로 한 사람이라는 평가를 받
기도 한 것과 뚜렷이 구별되는 점이다. 그의 학문을 알 수 있는 자료
로는 「이기설(理氣說)」과 「선악천리론(善惡天理論)」, 「입지론(立志論)」이
남아 있다.

정여창은 함께 김종직에게 수학한 김굉필과 생전에는 학문적으로
나 인간적으로 밀접한 관계를 맺었고, 김종직의 제자라는 같은 이유
로 죽음에 이르렀다. 사후에도 한 사람의 이름을 거론할 때는 반드시
다른 한 사람까지 거론하게 되었고, 나란히 문묘에 종사되었다.

* 김굉필(金宏弼, 1454, 단종 2년~1504, 연산군 10년)

김굉필의 자는 대유(大猷)이며 호는 한훤당(寒暄堂)이고, 본관은 서흥
(瑞興)이다. 김종직 연보와 남효온의 『사우명행록』에 의하면 김굉필은
정여창과 함께 김종직의 나이 42세 때 제자가 되어 수업하였다고 한
다.[70] 김굉필은 김종직에게서 특히 『소학』에 대하여 듣고, 『소학』 공

---

69 『추강냉화』: 鄭如昌有周程張周之見 竊通五經 獨不取攻詩之士 曰 詩性情之發
何屑屑降下工夫.

70 김굉필이 김종직의 제자라는 것에 이의를 다는 사람은 지금까지도 별로 없지만, 이
적(李勣)이 지은 김굉필의 행장에는 김굉필이 부전(不傳)의 학문을 얻은 것이라고

부에 매진하였다. 김굉필은 『소학』을 공부하고서 「독소학(讀小學)」이라는 칠언절구(七言絶句)를 지었다.

> 글공부를 하여도 천기를 몰랐더니,
> 『소학』 중에서 어제의 잘못된 점을 깨달았네.
> 이를 따라 마음을 다하여 자식의 도리를 할 것이니
> 구구하게 어찌 좋은 옷과 살찐 말을 부러워하랴![71]

이 시를 읽은 김종직은 "이 말은 성인을 만드는 근기이니, 허노재(許魯齋) 이후에 어찌 또 그런 사람이 없겠는가?"라고 칭찬하였다고 한다. 허노재는 원(元)의 대유(大儒)인 노재 허형(許衡)을 말한다. 김굉필은 그만큼 『소학』의 가르침에 충실하였고, 『소학』에서 학문의 대의를 발견하였다. 그러므로 『소학』을 늘 손에서 놓지 않고, 사람들이 국가의 일에 대하여 물으면 "『소학』 읽는 어린아이가 어찌 대의(大義)를 알겠는가?"라고 말하며 스스로를 '소학동자'라고 일컬었다고 한다.

김굉필은 『소학』적 실천을 근본으로 하고 『대학』적 치인(治人)으로 나아가야 한다고 보아, 『대학』 공부도 소홀히 하지 않았다. 그리하여 김굉필은 김종직이 임금에게 간언하기에 충분히 높은 지위인 이조참판에 올라서도 시사에 대한 건의를 하지 않자 스승인 김종직에게 다음과 같은 시를 지어 올렸다

> 도는 겨울에 갖옷을 입고 여름에 시원한 것을 마시는 데 있거늘
> 비를 걷고 홍수를 멈추게 함을 어찌 다 잘할 수 있으리오.
> 난초도 세속에 심으면 결국은 변질되니

하였다(『경현록』, 「행장」 참조).
71 『경현록』 上, 「讀小學」: 業文猶未諳天機 小學書中悟昨非 從此盡心供子職 區區何用美輕肥.

뉘라서 소는 밭을 갈고 말은 타고 다니는 짐승임을 믿어 주리까?[72]

제자의 우회적인 질책을 대하는 김종직의 대답은 실망스럽다. 김종직 역시 김굉필에게 시를 지어 자신의 생각을 드러냈는데, 내용은 다음과 같다.

분수 밖에 벼슬을 하게 되어 경대부 자리에 이르렀으나
임금을 바르게 하고 풍속을 바로잡는 것 내 어찌 할 수 있겠는가?
가르침을 따르던 후배가 우졸하다고 조롱하지만
세도와 권리가 구구한 벼슬길은 탈 만한 것이 못 되는구나.[73]

『사우명행록』에서 남효온은 이로부터 김종직이 김굉필을 달갑게 여기지 않아 둘의 사이가 좋지 못하게 되었다고 기술하고 있다. 김굉필은 이렇게 스승이 그 지위에 맞는 역할을 다하지 못하자 그것을 질책할 정도로 도학적 이념에 충실하고자 한 인물로 보인다. 그러나 막상 김굉필 자신의 관직 생활은 길지 않았다.

김굉필의 나이 41세 때 유일(遺逸)로 천거되어 남부참봉(南部參奉)에 제수되고, 사헌부 감찰(司憲府監察), 형조좌랑(刑曹佐郎)에 임명되었는데, 45세에 무오사화가 일어났다. 이때 김굉필은 김종직의 문도라는 이유로 장 80대를 맞고 희천으로 유배되었다. 바로 이곳에서 조광조를 만나 사제 관계를 맺게 된다. 47세 때는 죄가 감등되어 순천부(順天府)로 옮겨 있다가 51세 때인 갑자년에 다시 사화가 일어나 사사되었다. 집은 적몰되고 아들인 언숙(彦塾)과 언상(彦庠)은 나뉘어 귀양 가고, 언학

---

72 『추강선생문집』 권7, 잡저, 『師友名行錄』: 道在冬裘夏飮氷 霽行潦止豈全能 蘭如
    從俗終當變 誰信牛耕馬可乘.
73 『추강선생문집』 권7, 잡저, 『사우명행록』: 分外官聯到伐氷 匡君救俗我豈能 從敎
    後輩嘲迂拙 勢利區區不足乘.

(彦學)은 나이가 어려 형을 면하였다.

중종반정 후에 도승지에 추증되고, 우의정에 가증되었으며, 선조 때 문경(文敬)이라는 시호가 내려졌다. 광해군 2년에 정여창, 이언적(李彦迪), 이황(李滉), 조광조(趙光祖)와 함께 문묘에 종사되었다. 그의 학문을 알 수 있는 자료 역시 많지 않고, 유문(遺文)과 행적 등을 모은 『경현록(景賢錄)』이 있다.

김종직의 제자인 김굉필과 정여창은 조선 도학사에서 도통 수수자로서 인정받는 도학자들이다. 김종직에 대해서는 비판적인 시각이 적지 않게 존재하지만, 이들에 대한 후대 학자들의 평가는 하나같이 긍정적이다. 이러한 사실은 이들이 스승인 김종직도 오르지 못한 문묘에 종사되었다는 사실에서도 분명하게 알 수 있다.

후학 정경세(鄭經世)[74]는 조선 도학에서의 김굉필과 정여창의 위치를 다음과 같이 말하고 있다.

> 우리나라 도학의 전통이 정포은에게서 시작되고 이퇴계에게서 집성되었는데 그 사이에 김한훤(金寒暄)과 정일두(鄭一蠹), 이회재(李晦齋) 선생이 서로 이어서 나와 수사염락(洙泗濂洛)의 학문을 강명하여 우리들로 하여금 이적(夷狄)과 금수(禽獸)가 됨을 면하게 한 것은 조금이라도 그들이 남긴 덕택이 아닌 것이 없다.[75]

---

74 정경세(鄭經世): 1563, 명종 18년~1633, 인조 11년. 본관은 진주이고, 정여관(鄭汝寬)의 아들이며, 호는 우복(愚伏)이다. 16세에 생원 진사 초시에 합격하고, 18세 때부터 유성룡(柳成龍)에게 배웠다. 24세에 정시(庭試)와 알성시(謁聖試)에 합격하여 승문원 권지부정자로 관직을 시작하여 이조판서에까지 올랐다. 생전에 편찬한 『주문작해(朱文酌海)』가 있고, 문집으로 사위인 송준길(宋浚吉)과 사손(嗣孫)인 정도응(鄭道應)이 편찬한 『우복집』이 있다.

75 『景賢續錄補遺』 하, 書院, 「道南書院」: 鄭愚伏經世以爲吾東方道學之傳 倡始於鄭圃隱 集成於李退溪 中間有金寒暄 鄭一斗 李晦齋諸先生 相繼而作 講明洙泗濂洛之學 使斯人 得免於夷狄禽獸之歸者 秋毫莫非遺澤.

이 글에서 정경세는 정몽주와 이황을 조선 도학의 창건자와 집성자로 보면서 그 사이에 김종직 등의 다른 인물은 모두 제쳐 두고 정몽주의 도학을 이어받은 인물로 김굉필과 정여창을 함께 거론하고 있다.

또 허봉(許篈)[76]은 이 두 사람에 대해서 다음과 같이 말하고 있다.

> 우리나라의 성리학은 실상 김대유 선생으로부터 시작되었고, 뜻을 같이 한 사람으로는 정백욱 선생이 그 사람이다. 대유는 이(理)에 정밀하고, 백욱은 수(數)에 정밀하였는데, 애석하게도 세상을 잘못 만나서 비명에 죽었으니, 창창한 하늘은 무엇이라고 말하겠는가?[77]

허봉은 김굉필과 정여창의 조선 성리학에서의 공을 이(理)와 수(數)라는 구체적인 분야를 지목하여 기술하고 있는데, 역시 두 사람을 같은 위치에 놓고 평가하고 있다.

또 이황은 김굉필과 정여창의 조선 도학에서의 위치를 다음과 같이 말하고 있다.

> 우리나라를 추노(鄒魯)라고 부르고 선비들은 육경(六經)을 왼다.
> 좋아할 줄 아는 이 어찌 없으랴마는 어느 사람이 성취한 이가 있었는가?
> 초연한 정오천(鄭烏川)은 죽음으로 지키며 끝내 바꾸지 않았다.
> 점필재(佔畢齋)가 쇠퇴해 가는 문장을 다시 일으켰으니 도를 구하는
> 이 뜰에 가득하였다.
> 남색에서 나온 청색이 있었으니 김굉필과 정여창이 서로 이어 소리를

---

76 허봉(許篈): 1551, 명종 6년~1588, 선조 21년. 자는 미숙(美叔), 호는 하곡(荷谷), 본관은 양천(陽川)으로 유희춘의 문인이다. 동인으로서 서인과 대립하였고, 이이를 탄핵하다가 귀양을 가기도 했다.

77 『해동야언』: 我朝性理之學 實自金大猷先生倡 同志者 鄭先生伯勗其人也 大猷精於理 伯勗精於數 惜乎遭世不祥 殞於非命 蒼蒼者天 謂之奈何.

높였다.

그 문하에서 배우지 못하였으니 몸을 어루만지며 마음속 깊이 슬퍼
한다.[78]

이황은 김종직에 대해서는 문장만을 말하고 그의 학문에 대해서는
말하지 않으면서 김굉필과 정여창에 대해서는 '남색에서 나온 청색'
에 비유하여 김종직보다 이 둘의 학문적인 공이 뛰어남을 말하고 있
다. 이는 이황이 다른 글에서 김종직에 대하여 "김점필은 학문하는
사람이 아니었고, 평생 일삼은 사업이 다만 시문에 있었으니 그 문집
을 보면 알 수 있다"[79]고 한 말과 같은 맥락이다.

이 두 사람은 같은 시기에 태어나 김종직을 스승으로 하여 도학에
뜻을 두었고, 비슷한 행적과 운명으로 말미암아 같은 평가를 받지만,
이 가운데 김굉필은 조광조라는 조선 도학사에서 지울 수 없는 중추
적 역할을 하는 학자를 제자로 두어 그 공적이 더욱 빛을 발하게 되
는 것이다.

* 남효온(南孝溫, 1454, 단종 2년~1492, 성종 23년)

남효온의 자는 백공(伯恭)이고, 호는 행우(杏雨)인데 추강(秋江)으로
자호하기도 했다. 본관은 의령(宜寧)이다. 아버지 전(恮)을 일찍 여의고
어머니를 섬겼는데, 남효온 역시 효행으로 이름이 났다.

진사과에는 급제했으나 대과에는 응시하지 않았다. 『연려실기술』에
는 그의 성품에 대하여 "사람된 품이 성질은 온화하고 담박하면서도

---

78 『경현속록보유』 하, 諸賢詩, 李退溪, 「和陶詩」: 吾東號鄒魯 儒者誦六經 豈無知好
之 何人是有成 矯矯鄭烏川 守死終不更 佔畢文起衰 求道盈其庭 有能靑出藍 金
鄭相繼鳴 莫逮門下役 撫躬傷幽情.
79 『鶴峯先生文集』 續集, 권5, 雜著, 「退溪先生言行錄」: 金佔畢非學問底人 終身事
業只在詞華上 觀其文集 可知.

군세고, 초월하면서도 법도에 맞았으며 가슴속이 시원하고 깨끗하였다"[80]고 기술하고 있다. 김종직에게서 배웠는데, 김종직은 남효온의 이름을 부르지 않고, 반드시 '우리 추강'이라고 했다고 한다. 김굉필, 정여창, 주계정(朱溪正)·심원(深源)·안응세(安應世) 등과 교유했다.

18세에 구언(求言)하는 성종에게 글을 올려 소릉 복위 등 여덟 가지 일을 청했으나 임사홍(任士洪), 정창손(鄭昌孫) 등의 반대로 받아들여지지 않았다. 이후로 남효온은 세상일에 뜻을 두지 않게 되었다. 『국조보감』에는 김시습(金時習) 등이 남효온에게 관직에 진출할 것을 권하자, 이 소를 올려 출처(出處)를 가늠해 본 것인데 이것이 받아들여지지 않자 관직 진출의 뜻을 접은 것이라고 기록되어 있다.[81] 그리고 당세의 이인(異人)인 김시습을 스승으로 삼으며 세속의 일에는 깊이 관여하지 않았다. 그러나 세상이 돌아가는 일 자체에 대해서 완전히 관심을 끊은 것은 아니어서 세상일에 비분강개하여 남들이 하기 어려워하는 말을 거리낌 없이 하기도 했는데, 김굉필과 정여창 등이 말려도 듣지 않았다고 한다.

생육신의 한 사람으로 꼽히며,『육신전(六臣傳)』을 지어 단종 복위를 꾀하다 세조에게 죽임을 당한 사육신을 추모하였다. 39세에 죽었는데 갑자사화 때 소릉 복위를 청했던 일로 추죄(追罪)를 당하여 묘를 파헤쳐 관을 쪼개고 시체를 양화도(楊花渡) 나루 모래밭에 버렸다. 중종 때 좌승지를 증직하고, 정조 때는 이조판서를 증직하였으며, 문청(文清)이란 시호를 내렸다.

* **김일손**(金馹孫, 1464, 세조 10년~1498, 연산군 4년)

김일손의 자는 계운(季雲)이고, 호는 탁영(濯纓)으로 본관은 김해(金

---

80 『연려실기술』 제6권, 燕山朝故事本末,「甲子禍籍」, 南孝溫 : 公之爲人 沖澹而弘
    毅 疎曠而典雅 胸膛次灑落.
81 『국조보감』 제16권, 성종 조 2, 9년(무술) 참조.

海)이다. 17세에 밀양에서 거상(居喪) 중인 김종직에게 학문을 배우며 김굉필·정여창·남효온 등과 교유하였다. 23세에 문과 복시(覆試)에서 장원급제하여 승문원 정자(承文院正字)로 환로에 들어섰다. 27세에 승문원 주서(承文院注書)가 되어 김종직의 「조의제문」을 사초에 싣고, 남효온이 지은 『육신전』을 개수했다. 또 31세에는 편수관(編修官)으로서 이극돈의 추행을 사초에 실었다. 35세 때 무오사화가 일어나 사초의 일로 참형을 당하였다. 중종 1년에 신원되고, 후에 계속 추증되어 순조 때 이조판서에 추증되고, 문민(文愍)이란 시호를 내렸다.

이외에도 홍유손(洪裕孫)과 권오복(權五福), 권경유(權景裕), 이원(李黿), 이목(李穆), 허반(許磐) 등 많은 사람들이 김종직에게 배우고 성종과 연산군 때에 과거에 급제하여 관직에 진출했으나, 사초에 김종직의 글을 기록한 죄, 난언(亂言)죄, 난언을 알고도 고하지 않은 죄, 붕당을 만들어 서로 칭찬하고 나랏일을 비방한 죄 등으로 무오사화에 얽혀 죽거나, 무오사화 때 유배되었다가 갑자사화 때 죽임을 당했다.

김종직의 제자들을 중심으로 한 사림의 관직 진출이 본격화되기 시작한 성종 대부터 기존의 훈구 세력과 사림 세력 간의 갈등은 심심치 않게 표면화되었던 것으로 보인다. 성종 9년에 18세의 남효온이 상소를 올려 소릉의 복위를 청한 일을 계기로 이 두 세력간의 견제가 표면화되었는데, 이심원(李深源)도 상소를 올려 훈구 신하를 임용하지 말 것을 청하고, 정여창과 강응정(姜應貞) 등을 성인의 무리라 부르자, 도승지 임사홍(任士洪)과 동부승지 이경동(李瓊仝) 등이 남효온과 이심원에게 죄를 주기를 청하면서 "이심원과 남효온이 강응정, 정여창, 박연(朴演) 등과 별도로 무리를 지어 앞장서서 괴이한 행동을 하면서 강응정을 추대하여 공자(孔子)라고 하고 박연을 가리켜 안연(顔淵)이라 하였습니다"라고 말하고 있다.

이들에 대해 성종은 "붕당이라고 해서는 안 된다. 또 내가 이미 말을 구해 놓고 죄를 준다면 간언(諫言)을 하게 하는 도리가 아니다"[82]
라고 하여 문제를 삼지는 않았다. 그러나 이 일에는 사림과 훈구 세
력이 서로를 어떻게 생각하고 있었는지가 분명하게 드러나고 있다.
특히 훈구 세력을 더 이상 임용하지 말 것과 정여창·정극인·강응
정·남효온을 '성현지도(聖賢之徒)' '사직지기(社稷之器)'라고 칭하는 사
림의 관점과 이들 사림을 '별도의 무리'를 만들어 괴이한 행동을 하
는 붕당(朋黨)으로 보는 훈구의 시각이 첨예하게 부딪치는 것을 볼 수
있다. 결국 사림과 훈구의 대결이 사건으로 드러나지 않았을 뿐 성종
당시 김종직의 생존시부터 이 두 세력간의 갈등은 물밑에서 그 형태
를 키워 가고 있었다고 하겠다.

---

82 『국조보감』 제16권, 성종조 2, 9년(무술): 時朱溪副正深源亦上疏 請勿任用勳舊 且
言咸陽鄭汝昌 泰仁鄭克仁 恩津姜應貞 皆聖賢之徒也 孝子應貞 乃社稷之器 而
非百里之才也 由是勳舊韓明會等大懼 都承旨任士洪與同副承旨李瓊仝 迭啓于
上曰 復昭陵事 非臣子所敢言 且深源孝溫 與姜應貞鄭汝昌朴演等 別爲一群 册
爲詭異之行 推應貞爲夫子 指演爲顏淵 戰國處士之橫議 將復行於聖世 請鞫深源
孝溫 以遏其流弊 上曰謂之朋黨則不可 且予旣求言 從以罪之 非來諫之道也 遂
不問.

제 **2** 부

김종직의 사상

제1장 시작하는 말

　조선 초기에 도학은 두 방향으로 발전했는데, 그 하나는 조선 개국에 참여하고 개국 후에도 관료로서 현실 정치에 적극 관여한 관료 유학자들의 학문이고, 또 하나는 개국에 반대하고 개국 후에는 은거하여 관직과는 일정한 거리를 두고 교육과 수신에 치중하거나 그들에게서 배운 사림들의 학문이다. 이러한 조선 초기의 도학을 관학파와 사림파, 사장파와 도학파, 또는 훈구파와 사림파 등으로 구분하여 명명하기도 한다. 이들 각각의 명칭을 치밀하게 정의하면 각기 조금씩의 차이점이 있을 수 있으나 그 학문의 내용과 정계에서의 그들의 위치는 관학파와 사장파 그리고 훈구파가 같은 사람들을 지칭하며, 사림파와 도학파가 역시 같은 사람과 학문의 내용을 가리킨다고 할 수 있겠다.[1]

　이 가운데 전자는 통치 이념의 이론적 바탕을 마련하기 위한 경학과 정치론, 또는 경세론을 연구하면서 사장(詞章) 중심으로 흘러갔고, 후자는 앞에서 언급했듯이 이론적인 천착보다는 도학의 개인적 실천을 위주로 한 위기지학(爲己之學)적 성향을 띠고 있었다. 그렇다고 해서 조선 초기의 사림이 관직에 전혀 관심이 없는 것은 아니어서 김숙자의 경우에서 보았듯이 중앙 정계로의 진출을 적극적으로 모색하였으며, 자신이 성과를 이루지 못한 이 시도를 아들들을 통해 이루려고 하였다. 그러나 학문적 경향으로만 보자면 김숙자는 조선 초기 사림

1　이러한 구분에 대해서는 김홍경(金弘炅)의 논문에 잘 정리되어 있다(金弘炅,「朝鮮 前期 儒學思想에 관한 硏究」-太宗~世宗代 官僚 儒學者를 중심으로, 성균관대 학교 박사학위논문, 1992. pp. 5-9).

의 학문적 특성을 그대로 나타내고 있으며, 이러한 성향은 아들인 김종직에게로 이어진다.

지금 남아 있는 김종직의 저작물은 대부분 시부와 잡문의 형태를 띠고 있으며, 성리론에 대한 글은 찾아볼 수 없다. 무오·갑자 두 차례의 사화로 그의 많은 글들이 소실되었다고 하더라도, 지금 남아 있는 저작이나 행적으로 미루어 보면 그가 생전에 성리론에 천착했다고 하기는 힘들다. 그러므로 김종직은 조선 초기 도학 수수 맥락의 한가운데 자리하고 있으면서도 사장을 위주로 했느냐 도학을 위주로 했느냐는 끊임없는 의문이 제기되는 사람이기도 하다.

2부에서는 첫째, 그의 행적과 저작, 주청(奏請) 등에 나타나는 도학적 성향을 서술하고, 둘째, 그의 시문을 중심으로 하여 문학이 그의 사상적 영역에서 차지하는 위치를 서술하고자 한다.

제2장 김종직의 도학

1. 김종직 도학의 연원

위에서 밝혔듯이 지금까지 남아 있는 김종직의 글 가운데 도학의 이론적 영역인 성리론에 대한 글은 찾아보기 힘들다. 그러므로 그의 사상을 파악하기 위해서는 그의 시문에 언뜻 언뜻 보이는 학문적 견해, 『조선왕조실록』과 행장 등에 나타나는 그의 언행과 그의 행적에 나타나는 학문적인 자취, 그리고 후학들이 그에 관해 쓴 글들을 살펴 추출해 낼 수밖에 없다. 그리고 그가 부친인 김숙자에게 배워 학풍을 이어받았으므로 김숙자의 사상을 살피는 것이 김종직의 학문적 성격을 파악하는 데 얼마간의 도움을 줄 수가 있다.

지금까지 통용되고 있는 조선 사림파 도학의 수수 맥락에 앞자리를 차지하고 있는 김숙자의 사상에 대해서 알 수 있는 자료는 많지 않다. 김숙자의 「행장」에 의하면 그는 12세 때부터 길재에게 가서 배웠다 한다. 그리고 황간현감(黃澗縣監)으로 있던 윤상(尹祥)을 찾아가 『주역』을 수학하기도 했다.

김숙자는 26세 때 사마시(司馬試)에 합격하여 태학에 들어가고, 세종 원년 31세에 치른 식년시(式年試)에서 병과(丙科) 일인(一人)으로 급제하였다. 이후에 중앙 관직에 진출할 기회가 있을 때마다 앞에서 밝힌 그의 출처 문제로 인하여 그것이 좌절되고 지방의 한직을 떠돌았다. 그러나 학문적으로는 어느 정도 인정을 받았던 것으로 보인다.

김숙자가 태학에 있을 때 대사성으로 있던 조용(趙庸)이 김숙자가 지은 『주역』 비괘(賁卦)의 단사의(彖辭義)를 보고는 찬탄하고, 삼관(三館)

에서도 이를 서로 다투어 전사(傳寫)하여 벽에 붙여 두고 음송(吟誦)했다는 기록이 있다.[1] 또 비록 실행되지는 못했으나, 세종이 중조(中朝)의 제거(製擧)에 응시할 사람을 선발할 때 김숙자가 거기에 뽑혔다는 기록 등이 있고,[2] 51세(세종 21년) 때 세자우정자로 임명되기도 했다.

김숙자는 환로가 순탄치 못했으므로 지방의 한직을 맡거나 향리에 머무는 시간이 많았다. 이때 김숙자는 후진 교육에 많은 공을 들인 것으로 보인다. 두 번 지방관으로 나갔을 때 공자묘를 수리하고 석전(釋奠)을 직접 챙겼다. 그리고 직무를 보고 난 여가에는 직접 학생들을 불러들여 강의하고 시험을 보였다고 한다. 그 결과 문과 급제자가 전혀 없던 고을에 김숙자가 부임하고 나서는 사마시 합격자를 비롯한 여러 급제자들이 나올 수 있었다. 또 봉엄(鳳嚴)에서 여묘살이를 하고 있을 때는 고을 사람들이 자제들을 보내므로 여막 옆에 서재를 짓고 학생들을 가르치기도 했다.

그는 제자들을 가르치는 데 있어 길재와 마찬가지로 기본에서부터 나아가는 순차를 중시했다. 그는 「학규(學規)」를 저술하여 교육 활동의 지침서로 삼았는데, 이 글에는 학문의 순서에 대하여 다음과 같이 기록되어 있다.

> 학문을 하는 데 있어 등급을 뛰어넘을 수는 없다. 처음에는 『동몽수지』와 『유학자설』 『정속편』을 배워 등을 돌리고 외울 수 있는 지경에 이르고 난 후에야 『소학』으로 들어가게 해야 한다. 그 다음에 『효경』, 다음에 『대학』, 다음으로 『논어』와 『맹자』를 배워야 한다. 그 다음으로 『중용』, 『시경』, 『서경』, 『춘추』, 『주역』, 다음으로 『예기』를 차례로 배워야 한다. 그 다음에 『통감』과 여러 역사서들, 그리고 제자서를 읽도록 해야 한다. 학문이 어느 정도 이르면 활쏘기를 배워야 한다.[3]

---

1 『점필재집』 『이준록』 하, 「先公事業」 제4.
2 『점필재집』 『이준록』 하, 「先公事業」 제4.

그 다음으로 글씨 쓰기와 일상생활에 필요한 산수도 익혀야 한다고 했다. 학문의 차례를 세밀하게 제시하는 것이다. 그리고 이러한 순서를 건너뛰는 것은 절대 안 된다고 말하고 있다. 기본이 되지 않은 상태에서 다음 단계로 나아가는 것은 제대로 된 공부가 아니라고 본 것이다. 「학규」에 '약(略)'이라는 주(註)가 달려 있고, 그 내용이 매우 소략한 것으로 보아 지금 남아 있는 것은 축약된 내용인 듯하다. 그러므로 자세한 내용은 알 수 없지만 김숙자의 교육 방법은 이처럼 길재에게서 배운 바와 같이 근본을 먼저 닦는 것을 중요시했던 것만은 분명하다.

이와 유사한 내용이 그의 증손 김뉴(金紐)가 쓴 「행장」에도 나와 있다.[4] 또 후학 최홍벽(崔興璧)이 김숙자에게 시호를 내릴 것을 청하면서 올린 글에서는 그의 교육 방법을 다음과 같이 서술하고 있다.

대개 그 학문은 길재에게서 나왔습니다. 그러므로 다른 사람을 가르치는 데에 순서가 있어 건너뛰지 못하게 하였습니다. 먼저 『소학』에 들어가 어버이를 사랑하고 어른을 공경하며, 스승을 섬기고 벗을 친히 하는 일에 종사하여 그 본원을 함양하도록 했고 그런 후에야 『대학』, 『논어』·『맹자』, 『중용』, 『시경』, 『서경』, 『춘추』, 『주역』, 『예기』를 배우고, 그 다음에 역사서와 제자서를 읽게 했습니다. 또 활쏘기와 글씨 쓰기, 산수를 배우게 했는데, 그는 "활쏘기는 옛날 사람이 덕을 보던 것이지 잘하는 것을 견주어 보던 것이 아니다. 글씨는 마음을 쓰는 것이니 모름지기 단정하고 정숙하게 해야 하며, 수(數)는 일용 사물이니 이것이 아니면 쉽게 궁리할 수가 없다. 위치와 차례는 치우쳐서는 안 된다"고 말하였습니다.[5]

---

3 『강호선생실기』 권1, 잡저, 「學規」: 爲學不可躐等 初授童蒙須知幼學字說正俗篇 皆背誦然後 令入小學 次孝經次大學次語盟次中庸次詩次書次春秋次易次禮記 然後 令讀通鑑及諸史百家 任其所之至於學射.

4 『강호선생실기』 권3 부록, 「行狀」.

『소학』을 중시했던 것은 "어버이를 사랑하고 어른을 공경하며, 스승을 섬기고 벗을 친히 하는" 본원을 함양하도록 하기 위해서였다는 것이다. 즉『소학』을 본원을 함양할 수 있는 수신서로 보았던 것이다. 또 김종직도 김숙자의 학문에 대하여 "선공은 천성이 지극히 효성스러워 집에 있으면서 어버이를 모실 때 모든 것을『소학』을 따랐다"[6]고 말하고 있다. 김숙자가『소학』을 교육서로서만이 아니라 수신서로 삼고 있었음을 알 수 있는 말이다. 김숙자의 학풍은 김종직에게 계승되어 조선 전기 도학의 학풍을 이루게 된다.

『소학』에 대한 중시와 함께 도학자 김숙자로서의 면모를 알 수 있게 해 주는 또 다른 것으로 그의 척불론을 들 수 있다. 『강호선생실기(江湖先生實記)』에는 척불과 관련된 세 편의 글이 실려 있다. 그러나 이 세 편 가운데「척불소(斥佛疏)」와「재소(再疏)」는『세종실록』에 다른 사람의 상소로 전문이 기록되어 있어 김숙자의 글인지 의심이 든다.[7] 그러므로 본서에서는「척불의(斥佛議)」만을 논하고자 한다.「척불의」는 열 줄 남짓한 짧은 글인데, 약(畧)이라는 주가 있는 것으로 보아 글

---

5 『강호선생실기』권4, 부록,「請諡疏」: 蓋其學出於吉再 故其教人也 循循有序 不使之躐等 先入小學 從事於愛親敬長隆師親友之間 以涵養其本源 然後 次大學 次語盟 次中庸 次詩 次書 次春秋 次易 次禮記 然後又令讀諸史百家 又令學射學書數 曰射古人之所以觀德 非博奕比也 書心畫也 須要端正精熟 數日用事物 非此未易究 位次不可以傾側也.

6 『점필재집』, 『이준록』하,「先公事業」제4: 先公天性至孝 凡家居事親 皆從事小學書.

7 「척불소」와「재소」가 김숙자의 문집인『강호선생실기』에 실려 있고 연보에 해당하는「기년(紀年)」, 선덕(宣德) 6년(1431) 조에「척불소」를 올렸다는 기록이 나와 있다. 그러나『세종실록』에「척불소」는 성균 생원 방운(方運)이 세종 16년(1434)에 올린 상소로 기록되어 그 전문이 실려 있고,「재소」는 세종 21년(1439)에 성균 생원 이영산(李永山) 등이 올린 것으로 기록되어 있으며, 그 중에 김숙자의 이름은 전혀 언급되어 있지 않다(『세종실록』16년 4월11일, 세종 21년 4월18일 조 참조). 그러므로 이 두 글은 김숙자의 글이 아닐 가능성이 높다. 또 글의 내용을 살펴보면 논리적인 정연함이나 교리적인 접근은 찾아볼 수 없고 표피적인 수준에 머물고 있어 당시의 많은 척불 상소문과 대동소이하다. 현재까지 김숙자에 대한 연구 논문들에서는 이 두 글을 김숙자의 글로 단정하여 서술하고 있는데, 재고가 필요하다.

의 대강만을 추려 놓은 것으로 보인다.

이 글에서 김숙자는 방광(放光)과 사리(舍利) 등 당시 불교의 믿음의
대상을 '인지요(人之妖)'라고 말하고 있다. 즉 "뱀이 야광을 뿜는 것이
나 조개가 구슬을 품는 것, 소의 배 안에 우황이 든 것, 사향노루가
향이 나는 배꼽을 지니고 있는 것, 도마뱀이 기를 토하는 것은 물지
요(物之妖)"로서 이러한 것은 이익을 가져올 수도 있는 것이지만, "방
광과 사리는 인지요"로서 국가와 백성에 아무런 도움이 되지 않는다
는 것이다.[8] 그의 증손 김뉴가 쓴 「행장」에도 김숙자가 평소 이러한
방광과 사리가 '인지요'로서 백성과 국가에 아무런 도움도 되지 않는
다는 말을 했다고 기록되어 있다. 김숙자의 척불론을 살펴보면 당시
유생들 사이에서 행해지고 있던 배불론에서 특별히 두드러지지 않는
일반적인 것이라고 할 수 있다.

다음으로 김숙자의 학풍과 관련하여 빼놓을 수 없는 것이 유학적
예의 규범의 실천이다. 김숙자는 당시 풍속이 고려의 유속으로 상례
나 제례 등을 불교식으로 치르는 일이 많았고, 사대부들도 거기에서
벗어나지 못하는 사람이 많은 것을 보고는 솔선수범하여 유학적 예
법을 실천하려 노력하였다. 부모의 상을 당하여 3년의 여묘 살이를
하였고, 『주자가례』에 따라 상례와 제례를 치렀다. 그리고 『예기』의
중요성을 다음과 같이 강조하였다.

사람의 자식이 된 자는 『예기』를 읽지 않아서는 안 된다. 평상시에 상
(喪), 제(祭) 등의 절문(節文)을 강구해 두지 않으면 급한 일을 당했을 때
아득하여 아무 것도 아는 것이 없게 된다. 이 때문에 불법(佛法)에 빠지

8 『강호선생실기』권1 잡저, 「斥佛議」: 所謂放光與舍利 尤吾所不信 蛇有夜光 蚌含
珠 雌牛腹有黃 麝帶香臍 蜥蜴吐氣 成量海蜃能狀樓臺 此皆物之妖也 然夜光明
珠牛黃麝臍 人得而售之則 獲重利矣 今放光與舍利 亦人之妖也 其何 裨於生民
及國家乎.

기도 하고 무당에게 미혹되기도 하는 것이니, 세상 사람들이 신종추원 (愼終追遠)의 의리를 잃어버리는 것이 모두 여기에 관련된 것이다.[9]

이는 평소에 『예기』를 읽어 유학적 예법을 익혀 두지 않으면 불교나 무속의 절차에 따라 상례나 제례를 치르게 될 위험성이 있다는 것을 말하는 것이다. 김종직은 부친의 『주자가례』에 따른 제례의 실천에 대하여 『이준록』의 한 편을 할애하여 서술하고 있다.[10]

김종직은 부친인 김숙자에게 배웠으므로 학풍만이 아니라 생활 태도 등 모든 방면에서 부친의 영향을 받았다. 김종직의 도학은 벽이단론과 후진 양성에 있어서의 『소학』의 중시, 지방관으로서 도학 이념으로 향촌 교화를 위한 노력, 시문에 나타나는 우의적인 절의론 등으로 그 면모를 드러내고 있다.

2. 불교에 대한 태도

김종직의 남아 있는 글 가운데 이단을 직접적으로 비판하는 글은 없다. 그러나 불교에 대하여 언급한 몇 편의 시가 있고, 『성종실록』에는 성종과의 대화 도중 불교의 폐단에 대해서 자신의 의견을 피력한 부분이 몇 군데 남아 있다. 성종 16년 12월 15일의 경연에서 김종직은 불교에 대하여 다음과 같이 말하였다.

정자(程子)가 이르되, "불설(佛說)은 음성(淫聲) 미색(美色)과 같아서 자

---

9 『점필재집』, 『이준록』하, 「先公事業」 제4: 爲人子者 不可不讀禮記 平時不講求喪祭節文 至於倉卒 率茫然無所知 以是 淪於佛法 惑於巫覡 世之人失愼終追遠之義者 每坐此也.
10 『점필재집』, 『이준록』하, 「先公祭儀」 제5.

신도 모르는 사이에 그 가운데로 빠져 들어가게 된다"고 하였고, 사마광(司馬光)은 이르기를, "하류의 사람은 죄와 복을 두려워하고 사모하며, 고명한 자는 공(空)과 유(有)를 논란한다"고 하였으니, 이 말이 옳습니다. 인군(人君)은 부귀가 이미 극에 이르렀기 때문에 당세의 일에는 바랄 것이 없지만 불교의 설은 모두 내세의 일이기 때문에 인군으로서도 복이 응하기를 구하려고 숭신하게 되는 것입니다.[11]

이것은 정이와 사마광의 말을 빌려 불교에 빠져들 위험성을 경계하는 것이다. 김종직이 불교에 대하여 말하고 있는 다른 자료들은 모두 불교의 현상적인 폐해, 예를 들면 사회 경제적인 손실이나 승려의 지나친 행위 등을 들어 그 폐단을 구제할 것을 주장하는 내용들이다.

김종직은 시에서도 불교의 폐해에 대하여 언급하고 있는데, 「노수재수청승지조시권(盧秀才琇請僧智照詩卷)」에는 다음과 같은 구절이 있다.

벽을 향해 망녕되게 성(性)을 본다 하고
감히 심등(心燈)을 전한다고 함으로써
기나긴 백대 후세에까지
백성들을 그 얼마나 더럽혔던가?[12]

이는 불교가 헛된 수양 방법과 말로 백성들을 미혹시키는 것을 비판한 것이다. 이렇게 김종직은 사림으로서 기본적으로 불교를 이단으로 보는 시각을 지니고 있었으나 한편으로는 불교를 그 자체로서 인정하는 모습도 보인다.

---

11 『성종실록』 16년 12월 15일(壬辰): 金宗直曰 程子云 佛說如淫聲美色 駸駸然入於其中 司馬光云 下者畏慕罪福 高者論難空有 此言然也 人君富貴已極 於當世之事 無所希異 佛說皆來世之事 故人君欲求福應 而崇信之耳.
12 『점필재집』, 시집 권15, 「盧秀才琇請僧智照詩卷」: 向壁妄見性 敢擬傳心燈 悠悠百代底 壞汚幾黎烝.

「석계징유지리산서(釋戒澄遊智異山序)」에서 김종직은 승려 계징이 지리산을 유람하는 것에 대해 쓰면서 "서방(西方)의 성인(聖人)으로는 석가모니보다 더 높은 이가 없고, 동방(東方)의 산으로는 두류산(頭流山)보다 더 높은 산이 없다"고 말하여 석가모니를 서방의 성인으로 인정하고 있다. 그리고 "비록 그러나 징 상인(上人)이 보는 것〔觀〕은, 동(動)은 절로 동한 것이요 정(靜)은 절로 정한 것이지만, 내가 보는 것은, 동을 말미암아 정을 구하고, 정을 말미암아 동을 구함으로써, 동과 정이 원래 서로 분리되지 않는다. 그러나 이것은 나와 징 상인이 일부러 다르게 한 것이 아니라, 두 스승인 공자와 석가모니의 도가 본래 이러한 것이다"[13]고 하며 불교와 도학의 차이를 말하고 있다. 그러나 이 글에서는 불교를 이단으로서 비판하는 것은 아니고, '두 스승인 공자와 석가모니의 도가 본래 이러한 것'이라고 하여 불교와 도학의 차이점을 언급하면서도 불교의 관점을 그대로 인정하는 모습을 보이고 있다.

또 그의 시 중에는 승려들과 화답한 시나 사찰이나 불교 의식 등에 대하여 쓴 시들이 여러 편 보이는데, 이 시들에는 불교를 배척하는 것이 아니라 승려나 사찰을 존재 그대로 인정하는 태도를 보인다.

김종직의 불교에 대한 이러한 태도는 당시 사대부들이 취하던 일반적인 모습일 것으로 생각된다. 즉 공식적으로는 불교를 이단으로 인식하고, 정책적으로 배척할 것을 주장하지만 개인적인 교류에서는 승려와도 별다른 거리낌 없이 어울리며 존재를 인정하는 것이다. 이는 조선 전기의 임금들이 궁중에 내불당을 두고, 불경을 간행하는 등 개인적인 차원에서 불교를 숭신하는 태도를 보이는 것과도 연관되어 있다고 하겠다.

---

13 『점필재집』, 문집 권1, 序, 「釋戒澄遊智異山序」: 西方之聖 莫尊於牟尼 東方之山 莫高於頭流 ……雖然 澄之觀 動自動 靜自靜 余之觀 因動而求靜 因靜而求動 動與靜 元不相離 非余與澄故爲異也 兩師之道 固如是.

3. 『소학』중심의 실천학

김종직의 학문적 경향에 대해 언급할 때 빼놓을 수 없는 것이 『소학』이다. 조선 전기 사림파 도학자를 특징짓는 요소가 도의 개인적 실천이다. 조선 전기 사림이 『소학』을 중시하게 된 원인도 여기에 있다. 『소학』의 중시는 길재에게서 유래한 것이다. 이러한 경향은 길재에게서 배운 김숙자를 거쳐 김종직에게까지 내려온다. 김종직 역시 배움을 구하는 제자들에게 『소학』의 중요성을 말하고 있다. 김굉필의 문집인 『경현록』에는 다음과 같은 말이 기록되어 있다.

> 일찍이 점필재 김선생에게서 가르침을 받았는데 『소학』을 가르치며 말하기를, "진실로 학문에 뜻을 두려면 마땅히 여기서부터 시작해야 한다. 광풍제월(光風霽月)도 여기에서 벗어나지 않는다"고 하니 선생이 마음에 간직하여 잊지 않고 게을리 하지 않아 손에서 책을 놓지 않았다. 그리하여 「독소학(讀小學)」이란 시를 지었는데 "『소학』 속에서 어제의 잘못을 깨달았다"는 글귀가 있었다. 점필재가 평하기를, "이 말은 성인이 되는 근기이니 노재 이후에 어찌 또 그와 같은 사람이 없겠는가?" 하였다. 선생은 『소학』으로써 몸을 다스리고 성리학에 정미하고 깊었으며, 뜻을 독실히 하여 힘써 행하였으며 어버이를 섬김에 그 효도를 다하고 몸가짐에 삼가기를 다하였다.[14]

이 글에서 『소학』에 대한 김종직의 생각과 그것이 김굉필 등의 제자에게 어떤 영향을 주었는지를 잘 알 수 있다. 김굉필은 스스로를

---

14 『경현록』 상, 「事實」: 嘗從佔畢齋金先生受業 先生授以小學曰 苟志於學 宜從此 始 光風霽月 亦不外此 先生服膺弗怠 手不釋卷 乃作讀小學詩 有小學書中悟昨 非之句 佔畢批曰 此言作聖根基 魯齋後 豈無其人 先生以小學律己 精深性理之 學 篤志力行 事親盡其孝 持身極其敬.

"소학동자(小學童子)"[15]라고 칭할 만큼 『소학』을 중요시하고 그 종지에 따라 살려고 노력하였다. 앞에서 살펴본 바와 같이 김굉필은 「독소학(讀小學)」이라는 칠언절구(七言絶句)를 지어 『소학』에서 깨달은 바를 나타내었으며 『소학』에서 일용의 도뿐만 아니라 천기까지도 다 깨달을 수 있다고 보았다. 김굉필을 비롯한 김종직의 제자들이 이렇게 『소학』을 중시하면서 『소학』은 마치 사림의 상징처럼 인식되었다. 그리하여 김종직과 그 제자들을 비롯한 사림들이 무오사화에 연루되면서 사람들이 그것을 배우기를 꺼리는 사태까지 오게 되었다.

이러한 상태에서 등용된 조광조는 도학을 일으키는 것을 자신의 임무로 삼아 중종에게 『소학』의 중요성을 여러 차례 아뢰기도 했다. 그리하여 이황은 조광조의 학문을 "『소학』을 돈독하게 믿고『근사록』을 존숭하였으며, 여러 경전의 뜻을 발휘하였다"[16]고 말하고 있다.

위에서 살펴보았듯이 조선 전기 도학을 위기지학(爲己之學)으로서 위치시키는 데 결정적인 역할을 한 것이 바로『소학』이었고, 김종직이 정계에서 본격적으로 활동하고 제자들을 양성하면서 이와 같은 경향은 더욱 강화되었다고 할 수가 있다.

조선 전기 사림들이 『소학』을 중시했다는 것은 한편으로 일상 속에서의 도의 실천을 중시했다는 것을 말해 주는 것이다. 이는 김종직 역시 마찬가지였고, 이와 같은 생각의 연장선상에 있는 것이 바로 향촌 교화를 위한 노력이었다. 향촌 교화는 도학적 가치관을 보급하는 데 매우 적절한 방편이었다. 고려의 유풍이 강하게 남아 있는 조선 전기에는 사대부들조차 제례 등의 의례에서 불교식 예법을 따를 만큼 유학적인 생활방식이 보급되지 않았다. 이런 상황에서 평생 벼슬길에 있었고, 지방관으로 재직하기도 했던 김종직은 향촌 교화와 향

---

15 『경현록』 상, 「敍述」: 平居必冠帶 人定然後就寢 鷄鳴則起 手不釋小學 人或問國家事 必曰小學童子 何知大義.

16 『정암집』, 부록 권6, 「行狀」: 其爲學也 篤信小學 尊尙近思 而發揮於諸經傳.

촌 자제의 교육을 위한 여러 노력들을 보이고 있다.

그가 24세 때 성주교수(星州敎授)로 나가 있던 부친을 뵈러 갔다가 부자묘(夫子廟)를 참배했는데, 소상(塑像)들이 너무 오래되어 그 모습이 참혹한 것을 보고는 밤나무 신주로 바꾸도록 했다. 이 일의 내력과 감상을 적은 것이 바로 「알부자묘부(謁夫子廟賦)」이다.[17] 그 후 조정에서 이 일을 전해 듣고 위판(位版)으로 개조하도록 했다고 한다.[18]

「연보」 42세 조에는 김종직이 함양군수(咸陽郡守)로 있으면서 봄·가을로 향음주례(鄕飮酒禮)와 양로례(養老禮)를 설행했다는 기록이 있다. 또 46세 때에는 모친을 봉양하기 위하여 선산부사(善山府使)로 내려갔는데, 이때도 역시 매월 삭망에 선성(先聖)을 참배하고 향음주례를 거행했고, 봄·가을에는 양로례를 설행했다.[19] 또 성종 15년에는 이시애(李施愛)의 난 이후 없어진 유향소(留鄕所)를 재건하여 아전들의 횡포를 막고 향풍(鄕風)을 규찰하게 하자는 건의를 하기도 했다.[20]

52세 때에는 모친의 삼년상을 마치고 금산으로 돌아가 서당을 짓고, 밀양의 제자들에게 편지를 보내 학규(學規)를 만들게 하고,[21] 또 향헌(鄕憲)을 만들어서 읍속(邑俗)을 바로잡으니 여러 읍들이 풍문을 듣고 그것을 따라서 행했다고 한다. 57세 때에는 전라도 관찰사 겸순찰사 전주부윤에 제수되었는데, 읍을 순찰하면서 권과강독(勸課講讀)과 향음주례와 향사례를 거행했다.

위의 기록들을 보면 김종직은 평생을 도학 이념의 전파와 그것의 일용에서의 실천을 보급하는 데 힘썼다고 할 수 있다. 특히 지방관으

---

17 『점필재집』, 문집 권1, 賦, 「알부자묘부(謁夫子廟賦)」 참조.
18 『점필재집』, 문집 부록, 「연보」 24세 조.
19 『점필재집』, 문집 부록, 「연보」 42세, 46세 조 참조.
20 『성종실록』 15년 5월 7일: 右副承旨金宗直啓曰 前朝太祖令諸邑 擇公廉之士 審察鄕吏不法 故奸吏自戢 五百年間 維持風化者以此 我朝自李施愛煽亂之後 革罷留鄕所 奸黠之吏 恣行不義 建國未百年 而風俗衰薄 十室之邑 必有忠臣 一鄕雖小 豈無一鄕之善士乎 請復建留鄕所 糾察鄕風.
21 『점필재집』, 문집 권1, 書, 「與密陽鄕校諸子書」 참조.

로 부임하거나 관직에서 물러나 강학을 할 때는 향음주례나 향사례 등을 설행하고, 학규를 만드는 등의 실질적인 노력을 했다. 그러므로 그의 「연보」 60세 조에는 다음과 같은 기록이 있다.

> 원근의 학자들이 사방에서 모여들었다. 선생은 문인 정여창 등과 함께 상읍례(相揖禮)를 마치고 나서는 경전을 강론하였는데 반드시 정주(程朱)의 본뜻에 맞도록 힘쓰고 말은 반드시 충효를 주로 하였다. 그리고 아무리 병이 들었을 때라도 손에서 책을 놓지 않았고, 항상 도학을 밝히는 것을 일로 삼았다.[22]

김종직의 유문(遺文)은 대부분이 시이고, 얼마간의 잡문들이 있는데 여기에도 도학의 이론적인 부분, 즉 성리론에 대한 논의는 보이지 않고, 그가 가지고 있었던 벽불 의식 역시 당시 사대부들을 중심으로 논의되던 수준에서 벗어나지 않는다.

결국 김종직이 당시 사림을 대표하는 사대부로서 사상적인 존재감을 드러내는 것은 『소학』을 중심으로 하는 도의 실천과 도학 이념의 확산을 위한 노력과 제자 양성에서라고 하겠다.

---

22 『점필재집』, 문집, 「부록」, 「연보」 60세 조: 遠近學者四集 先生與門人鄭汝昌等 相揖訖 講論經傳 必務合於程朱之旨 言必以忠孝爲主 雖有疾病 手不釋卷 常以明道學爲事業.

제3장 김종직의 문학

1. 김종직의 문학관 ― 도문일치론

도학자로서의 김종직은 후학들에게 신랄한 비판을 받고, 심지어 도학자라고도 할 수 없다는 평가까지 받았지만, 그의 문장에 대해서만큼은 일찍부터 그 재능을 인정받았고, 도학자로서의 김종직의 정체성에 의심을 갖는 후학들도 시를 비롯한 그의 문장에 대해서는 부정하지 못했다.

김종직은 어려서부터 문재를 인정받았으니, 그의 나이 16세 때 과거에서 지은 「백룡부(白龍賦)」를 본 김수온(金守溫)이 "이는 후일에 문형(文衡)을 맡을 솜씨다"[1]라고 했다는 기록이 있다. 또 30세에 승문원 저작(承文院著作)으로 있을 때 선배인 어세겸(魚世謙)이 김종직의 시를 보고는 "나 같은 사람은 말채찍을 잡고 그의 노예가 된다고 해도 달게 받을 것이다"라고 했다고 한다.[2] 또 『해동잡록』에는 "공은 타고난 자질이 매우 높아 총각 때에 벌써 시를 잘한다는 소문이 있었으며, 매일 수천 마디를 기억하였고, 나이가 약관(弱冠)도 못 되어 문명(文名)이 크게 떨쳤다"[3]는 기록이 있다.

이렇게 문재를 인정받아 세조 7년에는 교지(教旨)를 받들어 왕세자

---

1 『점필재집』, 문집, 「부록」, 「연보」 16세 조: 是年 應擧京師 作白龍賦 見屈 時金守溫爲太學士 分與落榜試紙 其中有先生落試之賦 讀而奇之曰 此他日典文衡之手.
2 『점필재집』, 문집, 「부록」, 「연보」 30세 조: 春 陞拜承文著作 魚公世謙有詩名 以本院先進 見先生詩 歎曰 使吾執鞭爲奴隷 當甘受之.
3 『해동잡록』 2, 본조, 「김종직」: 公天分甚高 總角已有能詩聲 日記數千言 年未弱冠 文名大振.

빈 한씨(韓氏)의 애책문(哀冊文)을 짓고, 또 다음해에는 인수왕후(仁壽王后)의 봉숭옥책문(封崇玉冊文)을 지어 올리고, 또 「환취정기(環翠亭記)」를 짓는 등 어명에 의하여 여러 편의 글을 짓기도 했다.

성종이 즉위한 후 문학 하는 선비 19명을 선발했는데, 그 가운데 김종직이 으뜸이었다고 한다. 성종은 특별히 김종직을 총애하여 왕명으로 수많은 글을 짓게 하고, 『동국여지승람』의 수정을 맡기기도 했다. 그리고 성종은 김종직이 죽자 그의 유문(遺文)을 찾아 들이라고 명령하였으나 일을 마치기 전에 성종이 승하했다.

김종직이 성종의 특별한 총애를 받은 것은 사장을 중시하던 성종이 김종직의 문재를 아꼈기 때문으로도 보인다. 당시 사람들도 그렇게 생각하고 있었던 듯하다. 『성종실록』에 기록되어 있는 사신(史臣)의 논평은 김종직에 대한 당시 사람들의 생각을 잘 나타낸다.

사신이 논평하였다. "김종직이 문장을 잘 짓기 때문에 특별히 지우(知遇)를 입어, 승정원에 들어가 좌부승지로 옮겼다가 차서를 뛰어넘어 도승지에 제수되니, 사람이 다 눈을 씻고 그가 하는 일을 바라보았다.[4]

사신이 논평하였다. "김종직은 경상도 사람이며, 박문(博文)하고, 문장을 잘 지으며 가르치기를 즐겼는데, 전후에 그에게서 수업(受業)한 자 중에 과거에 급제한 사람이 많았다. 그러므로 경상도의 선비로서 조정에서 벼슬하는 자들이 종장(宗匠)으로 추존(推尊)하여, 스승은 자기 제자를 칭찬하고, 제자는 자기 스승을 칭찬하는 것이 사실보다 지나쳤는데, 조정 안의 신진(新進)의 무리도 그 그른 것을 깨닫지 못하고, 따르는 자가 많았다. 그때 사람들이 이것을 비평하여 '경상선배당(慶尙先輩黨)'이라고 하였다."[5]

---

4 『성종실록』 15년 갑진(甲辰) 8월 6일: 史臣曰 宗直以文章 特被知遇 入政院 轉爲左副承旨 超授都承旨 士林皆拭目 望其所爲焉.

이 두 글에는 사림 출신으로서 뛰어난 문재를 갖추고 성종의 총애를 받으며, 그의 제자를 비롯한 후배들을 조정에 진출시키는 김종직에 대한 평가와 함께 그에 대한 훈구 세력의 견제 심리가 잘 나타나 있다.

당시 임금인 성종은 "사장(詞章)을 지나치게 좋아해서는 안 되지만 또한 알지 않을 수는 없다"는 말을 하며 야대(夜對)에서 『문한류선(文翰類選)』을 진강하도록 하려고 했으나 승지 권건(權健) 등이 반대하여 이루어지지 못한 적이 있다.[6] 또 "김종직은 늘 재상을 사장(詞章)으로 시험해서는 안 된다고 말하였다. 그러나 중국의 문사(文士)가 황제의 명을 받들고 나오면 반드시 함께 수창(酬唱)해야 하니, 미리 익히지 않을 수 있겠는가?"[7]라고 하여 실용적인 필요에서 사장이 중요함을 말하고 있기도 하다.

성종은 우리나라 고금의 시문을 모아 편찬하도록 했는데, 이것이 『동문선(東文選)』이다. 『동문선』은 성종의 명을 받아 서거정·양성지·노사신·강희맹 등 훈구 관료 문인들이 중심이 되어 편찬한 것이다. 김종직은 뛰어난 문재를 지니고 있었지만 사장에 대한 생각은 훈구 관료들과는 상당한 차이를 보이고 있다. 그러므로 이들에 의해 편찬된 『동문선』과 비견되는 『청구풍아(靑丘風雅)』와 『동문수(東文粹)』를 스스로 편찬하기도 했다. 『청구풍아』는 시 선집이고, 『동문수』는 산문 선집이다.

『동문선』과 『청구풍아』, 『동문수』를 두고 나타나는 성현(成俔)과의 견해차는 김종직의 문장에 대한 생각뿐만 아니라 당시 훈구 관료들과

---

5 『성종실록』 15년 갑진(甲辰) 8월 6일: 史臣曰 宗直 慶尙道人也 博文工詞章 樂於訓誨 前後受業者 多登第 以故慶尙之儒仕于朝者 推尊爲宗匠 師譽其弟 弟譽其師 過其實 朝中新進之輩 亦莫覺其非 多有從而附者 時人譏之曰 慶尙先輩黨.

6 『성종실록』 15년 갑진(甲辰) 10월 9일 조 참조.

7 『국조보감』 제17권, 성종조 3, 17년(丙午): 上敎曰金宗直常言 宰相不可試以詞章 然中朝文士 奉帝命而來 必與之酬唱 可不預習乎.

김종직의 문학관의 차이를 분명하게 드러낸다. 성현은 김종직의『동문
수』를 두고 다음과 같이 말했다.

> 김종직은 오직 문장이 번화한 것을 싫어하여 (『동문수』에는) 다만 순후
> 한 글만을 취하였다. 비록 규범에 뜻을 다했다고 하지만 시들고 말라
> 서 기운이 없어 볼만하지가 않다. 그가 찬한『청구풍아』는 비록 시는
> 문장과 다르다고 하지만 시가 조금이라고 호방한 것은 버리고 수록하
> 지 않았다. 이것은 융통성 없는 편협함이라고 할 수 있다.[8]

성현은 김종직이 가려 뽑은 글은 시들고 말라서 기운이 없고, 시는
조금이라도 호방한 것은 수록하지 않았다고 했다. 김종직의 문학적
취향이 지나치게 담백하고 단정하여 화려하거나 호방한 기운이 없다
는 비판이라고 할 수가 있겠다. 이 글은 문장에 대한 두 사람간의 확
연한 차이를 잘 나타내는 것이다.

김종직은 당대 사림의 영수였고, 길재에서부터 내려오는 조선 초
기의 도학 전통을 이어받은 도학자였다. 그러므로 그가 문재로 당대
에 주목을 받고, 성종의 총애를 받았음에도 불구하고 문장에 대한 그
의 생각은 '문장은 도를 표현하는 도구〔文以載道〕'라는 범위에서 벗어
나지 않았다. 이러한 그의 생각을 잘 나타내는 글이 바로「윤선생상
시집서(尹先生祥詩集序)」다.

> 경술(經術)을 하는 선비는 문장(文章)에 약하고, 문장을 하는 선비는
> 경술에 어둡다고 한다. 세상 사람들이 이런 말을 하는데, 내 생각에는
> 그렇지 않다. 문장이란 경술에서 나오는 것이니, 경술은 바로 문장의

---

8 『용재총화』권10: 然季𥊆專惡文之繁華 只取醇藉之文 雖致意於規範 而萎薾無氣
不足觀也 其所撰靑丘風雅 雖詩之不如文 然詩之稍涉豪放者 棄而不錄 是可膠柱
之偏.

뿌리인 것이다. 초목(草木)에 비유하자면, 뿌리가 없는데 가지가 뻗고 잎이 무성하며 꽃과 열매가 번성한 것이 어디 있겠는가?

시서 육예(詩書六藝)는 모두 경술이요, 시서 육예의 글은 바로 그 문장이니, 진실로 그 글을 인하여 그 이치를 궁구해서 정밀하게 살피고 조용하게 깊이 완미(玩味)하여, 이치가 글과 함께 나의 마음속에서 이해된다면 그것이 드러나 언어(言語)와 사부(詞賦)가 되니, 스스로 잘하기를 기약하지 않아도 잘되는 것이다. 예로부터 문장으로써 한 시대를 울리고 후세에까지 전해진 이들은 모두 이와 같을 뿐이다.

그런데 사람들은, 한갓 지금 경술을 한다고 하는 자들은 구두(句讀)나 훈고(訓詁)를 익히는 데에 불과하고, 지금 문장을 한다고 하는 자들은 아로새기고 엮어내는 기교에 불과한 것들만을 보았을 뿐이니, 구두나 훈고를 가지고 어찌 보불(黼黻)과 경천위지(經天緯地)의 문장을 의논할 수 있겠으며, 아로새기고 엮어내는 것을 가지고 어찌 성리 도덕(性理 道德)의 학문에 참여할 수 있겠는가? 그리하여 마침내 경술과 문장을 나누어 두 가지로 여기면서 서로 쓸모가 없다고 의심하고 있으니, 아! 그 소견은 역시 천박하구나.[9]

이글에서 김종직이 말하고 있는 것은 도문일치론(道文一致論)이다. 문장을 하는 사람과 경술을 하는 사람들이 마치 서로 완전히 다른 길을 가고 있는 것처럼 서로가 상대를 쓸모없다고 여기는 상황을 개탄하는 것이다. 김종직이 보기에 문장과 경술은 별개의 것이 아니라,

---

9 『점필재집』, 문집 권1, 「尹先生祥詩集序」: 經術之士 劣於文章 文章之士 闇於經術 世之人有是言也 以余觀之 不然 文章者 出於經術 經術 乃文章之根柢也 譬之草木焉 安有無根柢 而柯葉之條鬯 華實之穠秀者乎 詩書六藝 皆經術也 詩書六藝之文 卽其文章也 苟能因其文 而究其理 精以察之 優而游之 理之與文 融會於吾之胸中 則其發而爲言語詞賦 自不期於工而工矣 自古 以文章鳴於時而傳後者 如斯而已 人徒見夫今之所謂經術者 不過句讀訓詁之習耳 今之所謂文章者 不過雕篆組織之巧耳 句讀訓詁 奚以議夫黼黻經緯之文 雕篆組織 豈能與乎性理道德之學 於是乎遂岐經術文章爲二致 而疑其不相爲用 嗚呼 其見亦淺矣.

나무의 뿌리와 가지처럼 한 몸이기 때문에 뿌리인 경술이 튼튼하면 가지 또한 무성할 것이고, 가지가 무성한 것을 보면 뿌리가 튼튼한 것을 알 수 있다는 것이다. 다만 김종직은 경술을 뿌리로 봄으로써 경술을 문장의 바탕으로 여기고 있다. 경전 역시 문장으로 이루어져 있는 것이기 때문에 경전이 담고 있는 성리 도덕의 이치를 궁구하면 저절로 문장에도 통달할 것이라고 보는 것이다.

김종직이 보기에 훌륭한 문장은 성리 도덕의 이치, 즉 도를 담고 있어야 한다. 이렇게 보면 겉으로만 화려하면서 도를 담고 있지 않은 문장은 문장으로서의 가치가 없는 것이다. 또 아무리 훌륭한 성현의 도라고 하더라도 형편없는 문장에 담기면 그 의미를 분명하게 드러낼 수 없으니 도를 깨우치기가 힘들게 되는 것이다.

이는 화려한 문풍을 추구하던 사장 중심의 학자들과는 분명하게 구별되는 것이다. 당시 사장파의 중심 인물 중 한 사람인 성현(成俔)의 견해를 살펴보자. 성현은 일단 경술과 문장은 둘이 아니라는 생각은 김종직과 같아서 경술과 문장을 별개로 생각하는 당시의 문풍을 비판한다.[10]

그러나 문장 자체에 대한 생각은 김종직과는 확연한 차이를 보인다.

소부(騷賦)는 마땅히 화섬(華贍)함을 주로 해야 하는데 이를 알지 못하는 사람은 평담(平淡)해야 한다고 여긴다. 논책(論策)은 웅혼(雄渾)함을 주로 해야 하는데, 알지 못하는 자들은 단정(端正)해야 한다고 여긴다. 기사(記事)는 전실(典實)해야 하는데 알지 못하는 자들은 병려(倂儷)해야 한다고 여긴다. 평담함은 문장의 흠이 아니지만 그 폐단은 위미(委靡)한 데 이르는 것이고, 단정함은 문장의 흠이 아니지만 그 폐단은 소산(疏散)한 데 이르는 것이고, 병려는 문장의 흠이 아니지만 그 폐단

10 『용재총화』 권1: 經術文章非二致 六經皆聖人之文章 而著諸事業者也 今也爲文者 不知本經 明經者 不知爲文 其非徒氣習之偏 而爲之者 不盡力也.

은 비리(鄙俚)한 데 이르는 것이다.[11]

  그리고 김종직과 마찬가지로 나무에 비유하여 경술과 문장의 관계
를 설명하고 있다.

  뜰의 나무에 비유하면 가지와 꽃과 잎이 울창한 후에야 뿌리를 덮을
  수가 있고 서로가 번창할 수 있다. 음식을 만드는 사람은 반드시 다섯
  가지 맛을 섞어 어울리게 한 다음에 그 조화로운 맛을 낼 수가 있다.
  지금은 가지와 잎을 베어 버리고서 무성한 나무가 되기를 바라고, 다
  섯 가지 맛을 제쳐두고서 조화로운 음식을 바라니, 어찌 이러한 도리
  가 있는가?[12]

  김종직이 경술을 나무의 뿌리에 비유하고, 문장을 가지와 잎에 비
유하여 뿌리인 경술에 달통하면 가지와 잎인 문장 역시 훌륭하게 될
것이라고 한 논법을 그대로 받아서 김종직과 다른 견해를 주장하는
것이다. 문장을 중시하지 않고 경술만을 중시하는 것은 가지와 잎은
쳐 버리고 뿌리만 튼튼하면 무성한 나무가 될 수 있다고 믿는 것과
같다는 것이다. 같은 글의 말미에서 성현은 당시 김종직의 문장론을
따르는 사람이 많기 때문에 이 글을 지어 글을 배우는 자들을 깨우치
고자 한 것이라고 글의 목적을 밝히고 있다.
  오늘날의 김종직 연구자들은 위의 두 글을 근거로 하여 김종직과
성현의 견해가 완전히 다른 것으로 파악하는 것이 대체적인 경향이

---

  11 『虛白堂文集』 권13, 「文變」: 騷賦當主華瞻 而不知者以爲當平淡也 論策當主雄
    渾 而不知者以爲當端正也 記事者當典實 而不知者以爲當倂儷也 平淡非文病也
    其弊至於委靡 端正非文病也 其弊至於疏散 倂儷非文病也 其弊至於鄙俚.
  12 『허백당문집』 권13, 「文變」: 譬如庭樹枝柯花葉紛鬱 然後得庇本根 而對必碩茂
    調飮食者當審五味瀹瀡之宜 然後乃得其和 今者削枝葉而望樹之茂 擯五味而得
    食之和 寧有是理.

다. 그러나 필자가 보기에는 경술과 문장에 대한 이 둘의 근본적인 생각은 같은 것이다. 경술과 문장을 한 나무의 뿌리와 가지·잎에 비유하여 둘의 관계를 뗄 수 없는 것으로 인식한 상태에서 둘 가운데 어떤 것에 더 주목하느냐가 다른 것일 뿐이다. 즉, 이 둘은 기본적으로 도문일치론(道文一致論)의 입장에 있으면서 그 방법을 달리한다는 것이다. 이 둘 중 누구도 경술을 배제한 문장, 문장을 무시한 경술을 주장하지 않았기 때문이다. 도문일치론이란 문학의 교화적 기능을 중시한다는 말이다. 그러므로 결국 김종직과 성현 모두 문학의 교화적 기능에 중점을 두는 유학적인 문학관에서 벗어나지 않았다고 할 수 있겠다.

그럼에도 불구하고 문장에 대한 김종직의 생각이 당시 관료 유학자를 중심으로 한 사장파들과 뚜렷이 구별되는 것은 그의 학문적 기반이 사림파 도학에 있기 때문이다. 조선 초기 사림의 도학은 앞서 서술했듯이 『소학』을 중심으로 한 도의 일상적 실천을 중시하였고, 향음주례나 향사례 같은 의식을 통한 향촌 교화를 실행하기도 했다. 이렇게 도의 실천을 중시하는 사림 출신의 도학자에게 문장의 부화한 꾸밈은 허식에 불과한 것이다. 다음의 글은 이러한 김종직의 문학관을 가장 잘 나타내 준다.

> 문장은 작은 기예이고 시부(詩賦)는 또 문장의 작은 부분이다. 그러나 성정(性情)을 다스리고 풍교(風敎)를 이루어 당세를 울리고 무궁토록 전하는 것은 실로 시부에 힘입는 것이 있다.[13]

문장을 작은 기예로 보면서도 무시할 수 없는 문장의 역할에 대해서 말하고 있다. 여기서 말하는 '성정을 다스린다[理性情]'는 것과 '풍

---

13 『점필재집』, 문집 권1, 「永嘉連魁集序」: 文章 小技也 而詩賦 尤文章之麿者也 然而理性情 達風教 鳴于當世 而傳之無窮 詩賦實有賴焉.

교를 이룬다〔達風教〕'는 것이 바로 김종직이 보는 문학의 기능인 것이다. 이는 유학의 궁극적 목표인 수기치인(修己治人)과도 통하는 말이다. 그러므로 김종직은 개인적 수양의 사회적 교화로의 확대라는 궁극적 유학의 가치 추구가 문학에서도 가능하다고 보는 것이다. 이는 '작은 기예'인 문장에 도학적 수기치인의 기능을 부여하는 말인 것이다.

김종직의 글에는 이러한 문학관이 그대로 반영되어 있다. 그의 시부를 자세히 살펴보면 관직에 있을 때 제자들에게 비판받을 정도로 자신의 도학적 소신에 따른 건의를 하지 못한 것을 시부라는 방편으로 표현했다는 생각이 들기도 한다. 그의 시부에는 목민관으로서의 애민 사상과 도학자로서의 의리 정신, 도학적 역사의식, 또는 자신의 출처에 대한 고민 등이 잘 드러나 있기 때문이다.

그의 시와 부에 드러난 사상적 측면 가운데 그의 생애나 사상과 연관지을 수 있는 몇 가지에 대해 서술하고자 한다.

2. 춘추필법적 역사의식의 반영

김종직의 문학관에서 언급해야 할 것이 바로 문학을 통한 춘추적 역사의식의 표출이다. 이 부분은 큰 테두리에서 보면 도문일치론적 문학관에 속한다고 할 수 있다. 그러나 역사적 사건과 사실을 시부로 옮김으로써 의리를 표출하고 교훈을 주고자 하는 의도에서 보자면 분리해서 논의해야 할 점이다.

김종직의 이러한 문학관이 잘 드러나고 있는 것이 「조의제문」과 「화도연명술주」라는 두 편의 시다. 「조의제문」은 말 그대로 의제(義帝)를 조문하는 내용의 글이다. 김종직은 이 글을 지은 내력을 서문에서 다음과 같이 밝히고 있다.

정축년 10월 모일에 내가 밀성(密城)으로부터 경산(京山)을 경유하여
답계역(踏溪驛)에서 자는데, 꿈에 한 신인(神人)이 칠장복(七章服)을 입
고 헌걸찬 모습으로 와서 스스로 말하기를 "나는 초(楚) 회왕(懷王)의
손자 심(心)인데, 서초패왕(西楚霸王) 항적(項籍)에게 시해되어 침강(郴
江)에 빠뜨려졌다" 하고는, 언뜻 보이다가 이내 보이지 않았다. 나는
꿈을 깨고 나서 깜짝 놀라 말하기를 "회왕은 남초(南楚) 사람이고, 나
는 동이(東夷) 사람이니, 지역의 거리는 만여 리뿐만이 아니요 세대의
선후 또한 천여 년이나 되는데, 꿈자리에서 서로 만나게 되었으니, 이
것이 그 얼마나 상서로운 일인가? 또 사서(史書)를 상고해 보면 강(江)
에 던졌다는 말은 없는데, 혹시 항우(項羽)가 사람을 시켜 비밀스레 격
살(擊殺)하여 그 시체를 물에다 던져 버렸던가? 이것을 알 수가 없다.[14]

김종직은 「조의제문」을 지으면서 꿈에 의탁하여 글의 창작 동기를
밝히고 있다. 연구자들 가운데는 이 글을 지은 의도를 세조와 반드시
연관시킬 수 있을지에 의문을 나타내는 의견도 있다. 세조에 대한 비
판이라기보다는 난신적자(亂臣賊子)에 대한 응징이라는 유학적 역사의
식의 포괄적 표현이라고 보는 것이다.[15]

그러나 만약 그렇다면 김종직의 말대로 의제가 죽임을 당해 강에
던져졌다는 기록이 없는데, 굳이 단종이 당했다고 전해지는 일과 같
은 상황을 가상으로 설정할 필요까지는 없었을 것으로 보인다. 단종
의 사후 그 시신이 길가에 버려졌다는 말도 있고, 서강의 물속에 버
려졌다는 기록도 있기 때문이다. 또 글을 쓰게 된 동기가 되는 꿈을

---

14 『점필재집』, 문집, 부록, 事蹟, 「戊午士禍事蹟」: 丁丑十月日 余自密城道京山 宿
踏溪驛 夢有神人 被七章之服 頎然而來 自言楚懷王孫心 爲西楚伯王項籍所弑
沈之郴江 因忽不見 余覺之 愕然曰 懷王 南楚之人也 余則東夷之人也 地之相去
不翅萬有餘里 世之先後 亦千有餘載 來感于夢寐 玆何祥也 且考之史 無投江之
語 豈羽使人密擊 而投其尸于水歟 是未可知也.
15 이원걸, 『김종직의 풍교 시문학 연구』, 박이정, 2004년. 39쪽 참조.

꾼 때를 굳이 단종이 살해당한 때와 같은 정축년 10월로 잡은 것도
이 글의 작의(作意)를 짐작하게 하는 내용이다. 또 이때는 김종직이
부친의 상을 당해 거상 중에 있던 때이고 보면 거상 중에 먼 여행길
에 나섰다는 것도 쉽게 납득할 수 없는 일이다. 이러한 여러 가지 사
실을 고려해 보면 이 글은 후일 논의되는 대로 세조와 단종의 일을
염두에 두고 쓴 것이라고 보는 것이 옳을 듯하다. 결국 이 글은 김종
직 사후 무오사화가 일어나 구절구절이 세조와 단종의 일에 맞추어
해석되면서 엄청난 파장을 불러오게 되는 것이다.

「조의제문」과 함께 무오사화에서 문제가 된 글은 김종직의 「화도
연명술주」이다. 이 시는 도연명의 「술주(述酒)」라는 시에 화답하는 형
식으로 지어진 것이다. 도연명이 지은 「술주」는 남조 송의 태조인
유유(劉裕)가 진공제(晉恭帝)를 죽인 일에 격분하여 쓴 시로, 도연명은
자신의 시로 인해서 화를 당하지 않기 위해 은유적인 표현을 사용하
고 있다.

김종직은 도연명의 시에 화답하는 형식으로 시를 지었는데, 이 시
에서는 자신의 저작 의도를 분명하게 드러내고 있다. 이 시의 서문에
서 다음과 같이 말한다.

> 유유의 흉역한 행위를 다 드러내서 탕공(湯公)의 주소(註疏) 끝에 부치
> 노니, 후세의 난신적자(亂臣賊子)가 나의 시를 보고 두려워할 줄을 알
> 게 된다면 이 또한 삼가 『춘추(春秋)』의 일필(一筆)에 견주는 바이다.[16]

김종직은 자신이 이 시를 지은 행위를 공자의 춘추필법에 비유하
고 있다. 시를 지으면서 이와 같은 역사의식을 드러냈다는 사실은 김
종직의 문학이 추구하고 있는 바를 분명하게 나타내는 것이다.

---

16 『점필재집』, 시집, 권11, 詩, 「和陶淵明述酒」(并序): 故畢露裕凶逆 以附湯公註疏
之末 後世亂臣賊子 覽余詩而知懼 則竊比春秋之一筆云.

이외에도 김종직은 역사적 인물이나 옛 왕조의 도읍에 대해 쓰면서 교훈을 주고자 한 글들을 여러 편 지었다. 고려의 흥망성쇠를 들어 후세에 교훈을 주고자 한 「발송도록(跋松都錄)」[17]과 신라의 도읍지였던 경주의 역사에 대해서 쓴 「동도악부(東都樂府)」[18]는 고려와 신라의 도읍지였던 곳의 역사와 인물들을 소재로 한 글들이다. 그리고 고려조의 충신인 문극겸(文克謙)에 대해서 쓴 「문극겸」[19]과 한종유(韓宗愈)에 대해서 쓴 「저자도회한문절공(楮子島懷韓文節公)」,[20] 백제의 충신인 성충(成忠)의 충절을 기린 「고산탄현유회성충(高山炭峴有懷成忠)」[21] 등도 이 부류에 들어갈 수 있는 시들이다. 이 밖에도 우탁(禹倬)·이색(李穡)·길재(吉再) 등의 충절과 행적을 기린 시 등 역사적 인물을 소재로 한 글들이 상당수 남아 있다.

김종직의 문학관이 '성정을 다스리고 풍교를 이룬다〔理性情 達風敎〕'는 도문일치론과 '춘추필법'적 역사의식을 드러내고 있는 것은 분명하지만 문학이 김종직 개인에게 있어서 어떤 방향으로 작용했는지를 말하기는 어렵다.

김종직은 뛰어난 문재를 갖추고 있으면서 그 문재로 당시에 문명을 날리고 임금의 총애를 받았다. 그리고 자신의 신념을 시문을 통해 때로는 직접적으로, 때로는 우의적(寓意的)으로 드러냈다. 그의 제자들을 비롯한 사림들은 김종직의 글 일부를 의리론적으로 해석하여 세조의 일과 연관시켜 역사를 평가하려 하였고, 이를 빌미로 무오사화라는 시련을 맞게 되었다.

김종직은 또 다른 한편으로는 세조뿐 아니라 계유정란에 참여한

---

17 『점필재집』, 문집 권2, 跋.
18 『점필재집』, 시집 권3, 詩.
19 『점필재집』, 시집 권23, 詩.
20 『점필재집』, 시집 권4, 詩.
21 『점필재집』, 시집 권21, 詩.

공신 등 훈구 관료들을 찬양하는 내용의 「영가연괴집서」·「신문충공문집서」와 같은 글을 짓기도 했다. 이는 당시 제자들에게뿐만 아니라 두고두고 후학들에게 그리고 지금까지도 「조의제문」을 짓고서 또 세조에게 신하 노릇을 한 행위와 함께 그의 의리 정신을 의심받게 하는 원인이 된다.

김종직은 문장으로 발신하여 중앙 정계에 굳건히 자리를 잡음으로써 재야에서 활동하던 사림들이 정계에 진출할 수 있는 기반을 마련했지만, 그 자신은 정작 후학들에게 도학보다는 문장을 주로 한 사람이라는 평을 들었다.

3. 애민 의식의 표출

영남 지방의 한미한 가문에서 나고 자란 김종직은 일반 백성들의 생활을 관찰할 기회가 많았고, 또 지방관으로 일선에 나서 백성들을 상대했던 만큼 백성들에게 각별한 관심과 애정을 가지고 있었다. 그는 자신이 보고 들은 바와 그에 대한 감회를 주로 시부를 통해 표출했다. 이러한 시부들은 세 부류로 나눌 수 있는데, 먼저 가뭄이나 수재, 호환 등의 자연재해를 당하여 어려움을 겪게 된 백성들에 대한 안타까움이 드러나는 글이 있다. 또 세금과 병역 등 관청의 가혹한 수탈에 시달리는 백성들에 대한 연민을 드러내고 백성들을 수탈의 대상으로 여기는 무능하고 게으른 관리에 대한 분노를 표출하고 경계하는 글도 있다. 그리고 부당한 제도나 관행 때문에 힘든 백성들의 문제를 해결하고 나서 그 기쁨을 표현한 시부도 이에 해당된다고 하겠다.

이와 같은 내용의 시부를 읽어 보면, 당시 권력을 쥐고 있던 훈구 세력과의 마찰을 피하기 위해 자신의 소신을 직접적으로 드러내지 못해 제자들에게조차 비판받던 김종직이 자신의 생각을 한 단계 누그러뜨려 표현한 것이 이러한 시부들이 아닌가 하는 생각이 들기도 한다.

「수재 양준과 공생 홍유손에게 준다(贈楊秀才浚洪貢生裕孫)」는 시의 한 구절에는 가뭄으로 고통받는 백성과 그러한 백성들의 현실을 돌아볼 줄 모르고 흥청대는 지방관의 모습을 대조적으로 그리고 있다.

> 남쪽 고을은 세 철이나 가물어서,
> 눈에 그득한 것은 피뿐이구나.
> 면포를 가지고 곡식과 바꾸자니,
> 두 가지의 값을 어찌 서로 맞게 논하랴.
> 나물국도 날을 걸러 먹는데,
> 관아에서는 피리를 불어대는구나.
> 술과 고기가 하인들에까지 미치건만,
> 언제 가난한 집 돌아본 적 있으랴.[22]

이 구절은 계속된 가뭄으로 끼니를 잇기도 힘든 백성들의 비참한 현실과 그럼에도 불구하고 백성을 돌보지 않는 무책임하고 방탕한 지방관에 대한 분노가 잘 드러나 있다. 이러한 현실을 지켜본 김종직은 두 차례 지방관으로 부임하여 백성들의 어려움을 살피고 문제의 해결을 위해 노력하였다.

목민관으로서의 책임감과 백성에 대한 사랑이 잘 나타난 대표적인 시가 「다원(茶園) 2수」와 함양성 나각(羅閣)의 초가지붕을 잇는 부역으로 인한 백성들의 고통을 해결하고 나서 지은 시이다. 「다원 2수」는 그 지방에서 나지도 않는 차를 공부로 납부하느라 전라도까지 가서 차를 사오는 백성들의 고통을 헤아려 차밭을 조성하고 나서 지은 시이다. 김종직은 이를 해결하기 위해 삼국사를 뒤져 삼국시대에 차 종

---

22 『점필재집』, 시집 권15, 「贈楊秀才浚洪貢生裕孫」: 南州三時旱 滿目稊稗村 吉貝換斗粟 兩直寧相論 藜羹倂日食 公府笙竽喧 酒肉及廝役 何曾顧柴門.

자를 지리산 일대에 심게 했다는 기록을 찾아내고는 백성들에게 알려 차나무를 찾아내어 다원을 조성하였다. 김종직은 이 시에서 "백성들 수고를 덜 것을 생각하니 기쁘다"[23]고 했다.

또 함양성 나각의 지붕이 짚으로 되어 있어 바람이 불면 벗겨지기 일쑤였는데, 그때마다 백성을 동원하여 지붕을 이었으므로, 농번기에 그런 일을 당하여 부역에 징발되면 백성들이 매우 번거로웠다. 그러한 사정을 파악한 김종직은 지붕을 기와로 바꾸어 이러한 문제를 단번에 해결하고서 시를 짓기도 했다.

중앙 관직에 있을 때는 시사에 대해 건의하지 않는다고 제자들에게 비판을 받는 김종직이었지만, 지방관으로 부임해서는 백성들의 사정을 살피고 문제를 파악하여 해결하는 바람직한 목민관의 모습을 몸소 실천하여 보여주고 있다. 김종직의 이런 두 모습을 살펴보면 정계에서의 처신에 그가 얼마나 조심스러워했는지를 새삼스레 생각하게 된다. 즉 훈구 세력과 마주 대하여 정무를 처리해야 하는 중앙 정계에서의 조심스런 태도와는 달리 독자적인 일 처리가 가능한 지방의 수령으로서는 비교적 자신의 소신에 따라 행동했다는 것이다. 성종은 목민관으로서의 그의 능력을 인정하여 45세에 통훈대부(通訓大夫)로 승진시켰고, 함양군민들은 생사당을 지어 매월 삭망에 참배하기도 했다.

4. 출처와 처신에 대한 갈등

김종직은 생전에뿐만 아니라 사후에도 그의 출처(出處)나 처신(處身)과 관련하여 많은 논란이 있었던 사람이다. 한미한 가문의 지방 사림 출신으로서 오로지 자신의 능력으로 중앙 정계에 진출하여 무난한

---

23 『점필재집』, 시집 권10, 「茶園二首」: 且喜吾民寬一分.

관직 생활을 한 김종직은 그 자신의 환경 안에 이미 이러한 논란거리가 될 만한 조건을 내포하고 있었다. 즉 길재의 학풍을 이은 사림파 도학자로서 훈구 대신들 사이에서 평생 큰 변고 없이 관직 생활을 했다는 것 자체가 이미 논란거리가 될 소지를 안고 있었다는 말이다.

　김종직의 시문을 살펴보면 이러한 독특한 상황으로 인해 출처와 처신에 대한 많은 고민의 흔적을 발견할 수 있다.

　이러한 생각이 잘 드러난 것이 35세에 지은 「의등루부(擬登樓賦)」이다. 김종직은 34세 때 파직을 당한 적이 있다. 당시 세조는 문신들에게　천문(天文)·지리(地理)·음양(陰陽)·율려(律呂)·의약(醫藥)·복서(卜筮)·시사(詩史)라는 7학을 나누어 배우게 했는데, 김종직이 시사(詩史)를 제외한 나머지는 유자(儒者)가 할 일이 아님을 간언하다가 파직당했던 것이다. 파직 이후 밀양에 내려가 있었는데, 다음해 2월에 영남 병마평사에 임명되어 직책을 받으러 서울로 올라가는 길에 옥천의 누각에 올라 왕찬(王粲)의 「등루부(登樓賦)」[24]를 모방하여 지은 것이 바로 「의등루부」이다. 김종직은 간언을 하다가 파직을 당한 바로 다음 해였던 만큼 자신의 처신과 출처에 대한 생각이 많았을 것으로 짐작된다. 이 부에는 이와 같은 심사가 잘 드러나 있다. 첫 행에서 "천년 뒤에 누각에 오름이여! 내 마음이 진실로 옛사람과 합했도다"라고 하여 자신의 마음이 진퇴를 고민하던 왕찬의 마음과 같음을 말하고 있다. 그리고는 사사(士師)에 임명되었다가 세 번이나 파직된 노나라의 유하혜(柳下惠)에 자신을 비교하며, 자신은 그와 같이 "사특하고 굽은 길이 어지럽지만 곁눈질하거나 달려가지 않았다"고 자신이 파직 당했던 이유를 말하고 있다. 파직 당한 후에 고향 사람들은 그에게 할 말을 다하지 말라고 경계를 하는데 자신은 "오직 묵묵히 조용히 지내

---

24 「등루부(登樓賦)」: 중국 삼국시대 위(魏)나라의 왕찬이 지은 부 작품. 왕찬은 동탁(董卓)의 난 때 형주(荊州)로 피난해 있다가 누각에 올라 고향을 생각하면서 자신의 진퇴에 대해 갈등하는 마음을 서술하였다.

면서 밭 갈고 낚시질 하던 처음의 마음을 이루고 싶었다"고 자신의
심경을 토로한다. 그러나 "승려도 도사도 아닌 내가 어디로 피하랴"
라고 하며 왕명을 받아 다시 관직에 나갈 수밖에 없는 자신의 처지를
한탄하고 있다. 그리고 마지막에 자신은 바른 도를 실천하려 하지만
그것은 사람들의 비웃음만 살 뿐이라고 자신의 소신대로 행동하기
어려움을 말하며 그래도 처음의 뜻을 바꾸지 않았으니 자신의 운명
이 비색해도 마음을 바꾸지 않겠다고 자신에게 다짐하고 있다.[25]

비교적 젊은 시절에 쓴 이 글에서는 밭 갈고 낚시하며 조용히 살고
싶은 마음과 그렇게 살 수 없는 자신의 처지를 솔직하게 밝히고 있다.
그리하여 어쩔 수 없이 관직에 나가기는 하지만 도학자로서 훈구 대
신들 사이에서 자신의 소신을 지켜 나가기가 어려움을 토로하고, 그
럼에도 불구하고 처음 지닌 뜻을 바꾸지 않겠다고 자신에게 다짐하는
내용의 글이다. 이 글에는 출처에 대한 고민이 담겨 있고, 관직에 나
가고 나서도 도학자로서의 소신을 지키겠다는 결의가 엿보인다.

그러나 이러한 소신을 유지하기는 어려웠던 것으로 보인다. 이조
참판이라는 직책에 오르고 나서도 시사에 대해 간하지 못하는 스승
에게 우회적으로 질책을 한 김굉필의 시에 대답한 김종직의 시의 내
용은 「의등루부」의 정서와는 상당한 차이가 있기 때문이다. 김종직은
김굉필에게 답하는 시에서 다음과 같이 말하고 있다.

분수 밖에 벼슬을 하게 되어 경대부 자리에 이르렀으나
임금을 바르게 하고 풍속을 바로잡는 것 내 어찌 할 수 있겠는가?
가르침을 따르던 후배가 우졸하다고 조롱하지만
세도와 권리가 구구한 벼슬길은 탈 만한 것이 못 되는구나.[26]

---

25 『점필재집』, 문집, 권1, 辭擬, 「擬登樓賦」 참조.
26 『師友名行錄』: 分外官聯到伐氷 匡君救俗我豈能 從敎後輩嘲迂拙 勢利區區不
足乘.

　이 시는 결국 제자인 김굉필이 바라는 것은 자신의 분수 밖의 일이니 자기에게 너무 대단한 것을 바라지 말라는 의미로 들린다. 자신이 배운 도학적 소신을 실천하지 못하는 자신의 처지를 스스로도 잘 알고 있는 듯한 말이기도 하다.

　김종직이 이조참판에 임명된 것은 55세 때의 일이다. 자신을 유하혜에 견주며 소신을 지키겠다는 35세 때의 다짐과, 55세 때의 "임금을 바르게 하고 풍속을 바로잡는 것 내 어찌 할 수 있겠는가?"라는 무력함을 드러내는 표현 사이에는 상당한 차이가 있다. 20여 년간 관직 생활을 하면서 자신의 한계를 깨닫게 된 것일 수도 있고 현실과 이상의 차이를 알게 된 것일 수도 있다. 만년의 이러한 태도는 제자들에게 실망을 안겨 주게 되고, 김굉필이나 홍유손과 같은 제자들과 거리가 생기게 하는 결과를 가져왔다. 또한 후학들에게도 비판을 받는 주요 요인이 되었다.

제4장 맺는 말 - 의리와 현실 사이에서 갈등했던 경계인 김종직

한 사람의 생애는 한 시대에 속한 것이다. 어느 누구도 자신의 시대를 벗어날 수 없고 그렇기 때문에 한 사람의 생애에는 시대적인 환경이 깊숙이 개입할 수밖에 없다.

김종직은 조선 초기라는 격랑의 시대를 살아 낸 영남 출신의 사림파 도학자였고, 뛰어난 문재를 인정받은 문인이었으며, 평생을 관직에 종사한 관료였다. 그의 집안은 고려 말 향직에 종사한 한미한 가문이었으며, 세상에 드러나기 시작한 것은 김종직의 부친인 김숙자가 과거에 합격하여 출사한 이후였다. 김숙자는 고려의 유민을 자처한 길재에게서 배워 도학적 가치의 개인적 실천이라는 위기지학적 학풍을 이어받았다. 그러나 김숙자의 생애를 살펴보면 그가 배운 학풍을 실천하는 삶을 살았다고 하기는 조금 어려움이 있다. 석연치 않은 출처(出妻) 문제로 인하여 그의 환로는 순탄치 않았다. 이와 관련된 시련은 그가 관직에 진출한 초기부터 시작되어 중요한 관직에 등용될 때마다 발목을 잡아 그를 주저앉혔다. 뿐만 아니라 사유록에서 삭제되고 곤장을 맞는 등의 치욕적인 상황을 겪어야 했다. 이러한 상황에도 불구하고 그는 관직을 과감히 벗어던지지 못하고 평생을 정계의 언저리를 맴돌다가 생을 마쳤다.

그러나 여러 차례의 정치적 변란으로 배출된 훈구 공신들이 권력을 독점하고 있던 당시에 절의를 간직하고 은거한 길재에게서 배우고 자신이 배운 바를 교육을 통해 전파한 일에 있어서는 그의 공을 인정해야 한다.

김숙자의 아들로 부친의 순탄치 못한 생애를 곁에서 지켜보아야만 했던 김종직은 부친의 지난한 생애에 대하여 『이준록』을 편찬하여 간절한 안타까움을 나타내고 있다. 김숙자는 자신이 길재에게서 배운 도학적 전통을 아들인 김종직에게 전수하는 한편으로 과거 공부를 다그치기도 하고, 과거를 보러 떠나는 아들들에게 고과 급제의 소망을 직접적으로 표출하기도 했다. 자신이 이루지 못한 바를 아들을 통해 이루고 싶었던 것으로 보인다.

이와 같은 김종직의 성장 환경은 그의 전 생애에 영향을 미치고 있다. 절의와 수신을 강조하는 도학적 전통을 배우면서 고과 급제와 고위 관직에 진출하여 가문을 드러내기를 바라는 부친의 소망을 이루어야 했던 김종직은 이 두 가지를 무난하게 이루어 내면서 한평생을 살았다고 할 수도 있다. 그러나 보다 엄격한 도학적 가치 기준을 적용하고자 하는 사람들이 보기에 김종직은 이 두 가지 가운데 어떤 것에도 충실하지 못한 사람이었다.

그는 젊은 나이에는 세조의 왕위 찬탈을 우의적으로 비판했다는 「조의제문」을 짓기도 했으나 세조 원년부터 과거를 보기 시작하여 세조 5년 29세에 문과에 급제하여 관직에 진출하였다. 그리고 34세에 잠깐 세조의 비위를 거슬러 파직되기도 하였으나 다음해 바로 다시 기용되었다. 이러한 김종직의 행적은 후학들에게 가장 많은 비판을 받는 이유이기도 하다. 즉 「조의제문」을 지은 것과 세조에게서 별 탈없이 벼슬한 그의 행적이 서로 모순된다는 것이다. 이를 비판하는 사람들이 보기에는 세조에게서 벼슬한 것 자체보다는 「조의제문」을 지어 놓고서는 그와는 아무런 상관이 없는 사람처럼 세조에게서 태연히 벼슬을 했다는 것이 문제인 것이다.

김종직이 남긴 글이나 실록을 비롯한 그에 관한 여러 기록을 살펴보아도 세조의 일에 관해 그가 직접적으로 언급한 내용은 찾아볼 수가 없다. 이러한 점 때문에 「조의제문」이 세조의 일을 비판한 글이라는 것을 부정하는 견해도 있으나 여러 정황을 살펴보면 이 글은 세조의 왕위 찬탈을 비판한 글임에 틀림이 없어 보인다. 그렇다고 하더라도 이 글은 중국의 고사에 빗대어 매우 조심스럽게 쓴 글로, 김종직이 이 글을 쓴 당시의 심리적 상황을 짐작하게 한다.

김종직이 조선 초기의 상황을 어떻게 인식하고 있었든 그는 세조 이후로도 예종과 성종에게서 벼슬을 했다. 특히 성종에게는 그의 문재와 학문적 역량을 높이 평가 받으며 오랜 동안 경연관의 자리에 있었다. 그리고 함양군수와 선산부사로 두 차례의 지방관을 역임하면서 목민관으로서의 능력을 인정받기도 했다. 지방관으로서의 김종직이 여러 가시적인 성과를 내면서 능력을 인정받은 반면 중앙의 관직에 있을 때는 김굉필이나 홍유손과 같은 제자에게 시사에 대해 간언하지 않는 것에 대한 비판을 받았다. 지방과 중앙에서 이렇게 다른 행적을 보이는 점 역시 김종직에게서 조심스러움을 읽을 수 있는 대목이다. 즉 훈구 세력이 권력을 독점하고 있다시피 한 당시의 중앙 정계에서 한미한 가문 출신의 사림파 도학자인 그가 훈구 대신들과 충돌하지 않고 평생 순탄한 관직 생활을 했다는 것 자체가 그가 얼마나 조심스럽게 행동했는가를 보여주는 점이라고 하겠다.

김종직에 대한 논란 가운데 또 하나는 그가 도학자인가 문인인가 하는 것이다. 그는 뛰어난 문재를 지니고 있었고, 이는 당시에나 후일에나 누구도 부정하지 않는 점이다. 그러나 그는 또 사림파 도학의 도통을 잇는 한 고리로서 김굉필과 정여창, 김일손, 남효온 등의 스승이기도 하다. 물론 도학자로서 뛰어난 문재를 지니고 있는 문인 학자일 수도 있지만, 그에 대해 이러한 논란이 있었던 것은 그의 행적이 의심을 받고 있기 때문이었다. 이러한 문제는 그의 사후 시호를 내리는 문제를 두고 논란이 벌어졌을 때부터 제기되기 시작했으니, 도학자로서 기릴 만한 행실이 없이 시문을 위주로 했다는 지적이었다. 그가 시문을 위주로 했다는 것은 그가 남긴 글에서 확인된다.

그러나 설령 그렇다 하더라도 그의 문학관은 당시 사장을 위주로 하던 훈구 세력들과는 확연한 차이가 있었다. 즉 그는 글이 기본적으로 도를 담고 있어야 한다는 도학적 문학관을 고수하고 있었다. 이러한 기준에 따라 『청구풍아』와 『동문수』를 편찬하기도 하였으니, 이는 『동문선』을 편찬한 당시 훈구 대신들의 문학관과 비견되는 것이다.

김종직의 생애를 살펴보면, 조선 초 여러 차례의 정변이 일단락된 세조 대에 정계에 진출하여 조선 전기의 통치 체제가 정비되어 안정을 누린 성종 대에 성공적으로 관직을 수행하고 세상을 떴으니, 조선 전기의 가장 안정된 시기를 택하여 관직 생활과 제자 양성을 했다는 생각이 들기도 한다. 그의 사후 얼마 되지 않아 사화라는 피바람이 조선을 휩쓸고 지나가 김종직의 뒤를 이어 중앙 정계에 진출하기 시작한 사림파 도학자들을 초토화시켰기 때문이다.

그가 죽고 나서 6년 후에 일어난 무오사화는 한평생을 무난하게 산 김종직을 정치적 희생자로 만들었다. 김종직이 중앙 정계에 성공적으로 진출함으로써 그의 제자들을 비롯한 사림 세력들의 정계 진출의 발판이 마련되었고, 갖가지 공신 세력에 둘러싸여 있던 성종 역시 견제 장치로써 사림 출신을 등용하기도 하였다. 이들은 훈구 세력과는 확연히 다른 정치적 지향점을 가지고 있었고, 이들은 권력을 쥐고 있는 기득권 세력에게는 불편하기 짝이 없는 존재였다. 이러한 때에 도학적 통치 철학을 전혀 갖추지 못한 연산군이 즉위하였으니, 기득권 세력은 현왕실의 도덕적 콤플렉스를 이용하여 연산군을 부추겨 그들을 불편하게 하는 신진 사림들을 일거에 몰아낼 수가 있었던 것이다.

결국 김종직 사후 일어난 무오사화가 그 생전의 어떤 사건보다도 김종직에 커다란 영향을 끼치게 되었다. 그저 김종직의 많은 시문 가운데 하나로 묻힐 수도 있었던 「조의제문」과 「화도연명술주」라는 글이 그의 정체성을 상징하는 글이 되고, 무오사화에서 실재적인 피해를 당한 것은 그의 제자들임에도 불구하고, 사후의 김종직을 무오사화의 최대 피해자로 만들었기 때문이다. 이러한 맥락에서 장유는 김종직에 대해 의리를 일관되게 지키지 못한 사람임에도 불구하고 무오사화를 겪은 뒤로는 사람들이 그 일을 논하려고 하지 않는다고 평하였다.

김종직 자신은 비록 제자들을 비롯한 후인들에게 여러 부정적인 평가를 받기도 했지만 그에게서 부정할 수 없는 것 가운데 한 가지는 그의 제자들이다. 그의 문하에서는 김굉필·정여창·김일손·남효온·홍유손 등 학문적으로나 행적으로나 부정적인 평가를 내릴 수 없는 많은 제자들이 배출되었으며, 이 가운데 김굉필과 정여창은 문묘에 종사됨으로써 영원한 조선 도학의 사표가 되었다. 또 김굉필은 조선 전기 도학적 업적의 결집체이자 이후 조선 도학이 만개하도록 하는 비옥한 토양으로서 역시 문묘에 종사된 조광조를 배출하였다. 이렇게 김종직의 제자들은 이황의 말처럼 '남색에서 나온 청색'으로 표현할 수 있는 존재들이었다. 남색보다 더 푸른 청색에 의해 남색이 초라해질 수도 있고, 주위에서 빛을 발하는 눈부신 푸른빛으로 인해 남색이 본래의 색깔보다 푸르게 보일 수도 있는 양면을 가지고 있는 것이다.

김종직의 생애와 학문을 살펴보고 난 후 그에 대해서 드는 느낌은 일종의 안쓰러움이었다. 김종직은 체구가 매우 왜소했다고 한다. 그래서 어세공(魚世恭)이 농담으로, "그에게서 누가 재주를 빼앗아 간다면 한 어린아이만 남을 것"이라고 하니, 듣는 사람들이 깔깔거리고 웃었다는 기록이 있을 정도다.[1] 작은 체구에 천부적인 문재를 타고 났으나 당당하게 문인으로서의 정체성을 표현하지 못하였고, 절의와 수신을 중시하는 사림파 도학의 학풍을 이었으나 부친의 기대와 바람을 안고 평생을 관직에 종사하면서 훈구 세력과 적당히 타협하는

---

1 『연려실기술』 권6, 연산조고사본말, 「무오당적」, 김종직: 公爲人短小 魚世恭戲之曰 人若却奪其才思 則直一童蒙耳 聞者胡盧.

조심스러운 생을 살았던 한 사람. 세조의 왕위 찬탈과 단종의 죽음, 그리고 그 후 사육신의 단종 복위 사건, 유자광을 비롯한 당시 일부 훈구 세력의 전횡 등을 지켜보고서도 그에 대해 일언반구도 말하지 못하고, 은유로 가득한 조심스러운 글 한두 편만을 남길 수밖에 없었던 사람.

결국 김종직은 의리의 실천을 바라는 제자들과 훈구 대신들 사이에서, 도학과 문학의 사이에서, 도학적 가치의 실현과 고위직에 올라 가문을 빛내기를 바라는 부모의 간절한 염원 사이에서, 어디에도 완벽하게 속하지 못하고 그 경계를 서성거렸던 경계인이었던 것이다.

제 **3** 부

김종직의 저작

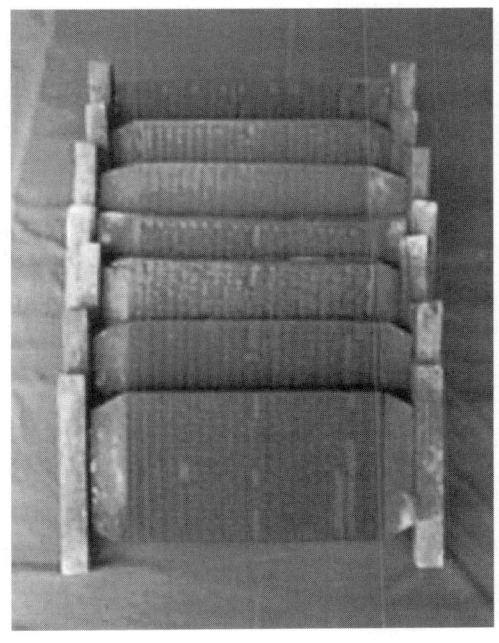

점필재 문집 책판

조의제문[1]

'정축년 10월 일에 내가 밀성(密城)에서 경산(京山)을 경유하여 답계역(踏溪驛)에서 자는데, 꿈에 한 신인(神人)이 칠장복(七章服)을 입고 헌걸찬 모습으로 와서 스스로 말하기를 "나는 초(楚) 회왕(懷王)의 손자 심(心)인데, 서초패왕(西楚霸王) 항적(項籍)에게 시해되어 침강(郴江)에 빠뜨려졌다"고 하고는, 홀연히 보이지 않았다. 나는 깨고 나서 놀라서 말하기를 "회왕은 남초(南楚) 사람이고, 나는 동이(東夷) 사람이니, 지역의 거리는 만여 리뿐만이 아니요 세대의 선후 또한 천여 년이나 되

<hr />

1 『점필재집』, 문집, 부록, 事蹟, 「戊午史禍事蹟」.

는데, 꿈자리에서 서로 만나게 되었으니, 이것이 그 얼마나 상서로운
일인가. 또 역사를 살펴보면 강(江)에 던졌다는 말은 없는데, 혹시 항
우(項羽)가 사람을 시켜 은밀히 격살(擊殺)하여 그 시체를 물에다 던져
버렸던가? 이것은 알 수가 없다"고 하였다. 마침내 글을 지어서 조문
한다.

하늘이 사물의 법칙을 사람에게 부여해 주었으니,
누가 사대(四大)와 오상(五常)을 따를 줄을 모르겠는가?
중화엔 풍부하고 이적엔 인색한 게 아니니,
어찌 옛날에는 있었는데 지금은 없으랴.
그러므로 나는 동이 사람이고 또 천년 뒤이지만,
삼가 초나라의 회왕을 조문하노라.
옛날 조룡(祖龍)이 아각(牙角)을 농(弄)하니,
사해의 물결이 검붉은 피바다가 되니,
상어나 미꾸라지라도 어찌 스스로 지키랴.
그물을 벗어나려고 안간힘을 다하였네.
이때 산동 육국(六國)의 후사가 된 사람들은,
침몰하고 방랑하는 고작 필부 편맹(編氓)들뿐이었네.
항량(項梁)은 남쪽 초나라 장수의 후예로서,
어호(魚狐)를 따라 대사를 일으키어,
왕위를 얻어서 백성의 소망을 따르니,
끊어졌던 웅역(熊繹)의 제사를 보존하였네.
제왕의 상서를 쥐고 왕위에 오르니,
천하엔 진실로 천씨(芊氏)보다 높은 것이 없도다.
장자(長者)를 보내어 관중을 들어가게 하였으니,
또한 족히 인의로운 마음을 볼 수 있었네.
산양처럼 거칠고 이리처럼 탐욕스럽게 함부로 관군을 무찔렀는데,

어찌 그를 잡아다가 처형하지 않았던가?

아 형세가 대단히 어긋난 것이 있었으니,

나는 회왕을 위하여 더욱 두렵도다.

끝내 배신을 당하여 죽임을 당했네.

과연 천운이 크게 어긋났도다.

침강의 산은 우뚝이 하늘에 치솟았는데,

햇빛은 침침하여 저물녘을 향하였고,

침강의 물은 밤낮으로 흘러가는데,

물결은 넘쳐 흘러 되돌아오지 않는구나.

한스러워라 천지는 장구하여 언제 다하랴.

그 넋은 지금까지도 떠돌아다니리.

나의 마음은 금석을 뚫을 만하기에,

왕께서 갑자기 몽상에 나타났도다.

자양(紫陽)의 노련한 필법을 따라,

생각이 불안하여 간절하게 생각하도다.

술잔 들어 땅에 부어서 제사지내니,

바라건대 영령은 와서 흠향하소서.

弔義帝文

丁丑十月日 余自密城道京山 宿踏溪驛 夢有神人 被七章之服 頎然而
來 自言楚懷王孫心 爲西楚伯王項籍所弑 沈之郴江 因忽不見 余覺之
愕然曰 懷王 南楚之人也 余則東夷之人也 地之相去 不翅萬有餘里 世
之先後 亦千有餘載 來感于夢寐 玆何祥也 且考之史 無投江之語 豈羽
使人密擊 而投其尸于水歟 是未可知也 遂爲文以弔之

　惟天賦物則以予人兮 孰不知其遵四大與五常 匪華豐而夷嗇兮 曷古
有而今亡 故吾夷人又後千祀兮 恭弔楚之懷王 昔祖龍之弄牙角兮 四海

之波殷爲盂 雖鱣鮪鰍鯢曷自保兮 思網漏以營營 時六國之遺祚兮 沈淪
播越僅媲夫編氓 梁也南國之將種兮 踵魚狐而起事 求得王而從民望兮
存熊繹於不祀 握乾符而面陽兮 天下固無尊於羊氏 遣長者以入關兮 亦
有足覩其仁義 羊狠狼貪擅夷冠軍兮 胡不收以膏齊斧 嗚呼 勢有大不然
者 吾於王而益懼 爲醽醋於反噬兮 果天運之蹠盭 郴之山砐以觸天兮 景
晻曖而向晏 郴之水流以日夜兮 波渟洑而不返 天長地久恨其曷旣兮 魂
至今猶飄蕩 余之心貫于金石兮 王忽臨乎夢想 循紫陽之老筆兮 思墮蟷
以欽欽 擧雲罍以酹地兮 冀英靈之來歆

부) 「조의제문」에 대한 연산군의 해석[2]

그 '조룡(祖龍)이 아각(牙角)을 농(弄)했다'에서 조룡은 진시황(秦始皇)
인데, 종직이 진시황을 세조에게 비한 것이요, 그 '왕위를 얻어서 백
성의 소망을 따랐다'고 한 왕은 초 회왕 손심(孫心)인데, 처음에 항량
이 진(秦)을 치고 손심을 찾아서 의제(義帝)를 삼았으니, 종직은 의제를
노산(魯山)에게 비한 것이다. 그 '산양처럼 거칠고 이리처럼 탐욕스럽
게 함부로 관군을 무찔렀다'고 한 것은, 종직이 산양처럼 거칠고 이
리처럼 탐욕스럽다는 것으로 세조를 가리키고, 관군을 함부로 무찌른
것은 세조가 김종서(金宗瑞)를 벤 데 비한 것이요, 그 '어찌 잡아다가
처형하지 않았는가?'라고 한 것은, 종직이 노산이 왜 세조를 잡아 버
리지 못했는가 하는 것이다. 그 '배신을 당하여 죽임을 당했다'는 것
은, 종직이 노산이 세조를 잡아버리지 못하고, 도리어 세조에게 죽었
다는 것이요. 그 '자양(紫陽)의 노련한 필법을 따라, 생각이 불안하여
간절하게 생각하도다'고 한 것은, 종직이 주자(朱子)를 자처하여 그 마
음에 이 부(賦)를 지은 것을, 『강목(綱目)』의 필(筆)에 비의한 것이다.

---

2 『연산군일기』 4년 무오(1498년) 7월 17일 조.

其曰 祖龍之弄牙角者 祖龍秦始皇也 宗直以始皇比世廟 其曰 求得王
而從民望者 王楚懷王孫心 初項梁誅秦 求孫心以爲義帝 宗直以義帝比
魯山 其曰 羊狠狼貪 擅夷冠軍者 宗直以羊狠狼貪指世廟 擅夷冠軍 指
世廟誅金宗瑞 其曰 胡不收而膏齊斧者 宗直指魯山胡不收世廟 其曰 爲
醢腊於反噬者 宗直謂魯山不收世廟 反爲世廟醢腊 其曰 循紫陽之老筆
思螴蜳以欽欽者 宗直以朱子自處 其心作此賦 以擬綱目之筆

도연명의 「술주」에 화답하다(서문과 함께 쓰다)[3]

내가 젊어서 도연명의 술주시(述酒詩)를 읽고 그 뜻을 알지 못했다
가, 뒤에 화도시(和陶詩)에 대한 탕동간(湯東澗)[4]의 주소(註疏)를 본 다음
에야 영릉(零陵)[5]을 위한 애시(哀詩)임을 알게 되었다. 아, 탕공이 아니
면 유유(劉裕)가 왕위를 빼앗고 임금을 죽인 죄와 도연명의 충분(忠憤)
이 어린 뜻이 숨겨질 뻔하였다. 그가 깊은 뜻이 숨은 말을 쓰기 좋아
한 것은 바로 그의 생각에 유유가 이때에 한창 날뛰므로 그때는 내
힘이 용납될 수가 없으니, 나는 다만 몸이나 깨끗하게 할 뿐이요, 언
어 가운데 그런 일을 드러내서 멸족(滅族)의 화를 자초해서는 안 된다
고 여겼기 때문이다. 그러나 지금 나의 경우는 그렇지 않아서 천년
뒤에 태어났으니 어찌 유유를 두려워하겠는가? 그러므로 유유의 흉
역한 행위를 다 드러내서 탕공의 주소 끝에 부치니, 후세의 난신적자
가 나의 시를 보고 두려워할 줄을 알게 된다면 이 또한 삼가『춘추』

---

3 『점필재집』, 시집, 제11권, 詩.
4 동간(東澗): 송나라 탕한(湯漢)의 호.
5 영릉(零陵): 진(晉) 공제(恭帝)를 말한다. 유유(劉裕)가 공제 원년에 공제를 폐하여
  영릉왕으로 삼았다가 다음해에 공제를 죽이고 제위를 찬탈하여 국호를 송(宋)으로
  하고, 유유는 남조의 송 태조가 되었다.

의 일필(一筆)에 견줄 수 있을 것이다.

솥에도 오히려 귀가 있는데,

사람이 어찌 스스로 듣지 못하는가?

임금과 신하는 존비가 다르니,

하늘과 땅의 자리가 나누어졌네.

간악한 이름은 반역을 한 때문이라.

멸족되어 후손이 끊어져 버리고,

당시에 사마씨는 남으로 건너갔으니,

중원에는 무덤만 남았을 뿐이었네.

천심은 아직 떠나지 않았기에,

마치 새벽이 두 번 온 듯했는데,

처중(處仲)이 처음 난을 일으켰고, 〔왕돈(王敦)이다.〕[6]

이리 새끼는 길들일 수 없었으며, 〔소준(蘇峻)이다.〕[7]

악명을 남긴 어리석은 남자는

자식에게 그 몸을 죽게 하였네. 〔환온(桓溫) 부자(父子)이다.〕[8]

네 올빼미[9]가 무슨 공이 있으랴.

하늘의 보답은 참으로 은근했도다.

---

6 처중(處仲): 왕돈(王敦)의 자. 진(晉) 원제(元帝)를 도와 공을 세웠으나, 자신의 공을
  믿고 제멋대로 권력을 휘두르다가 난을 일으켰으나 병사했다.

7 소준(蘇峻): 진 원제를 도와 공을 세우고 관군장군(冠軍將軍)이 되었는데, 성제(成
  帝) 때에 반역을 일으켜 임금을 석두성(石頭城)에 내쫓기까지 하였으나, 끝내 도간
  (陶侃) 등의 군대에게 패하여 죽었다.

8 악명을 남겼다는 것은 곧 진(晉)나라 환온(桓溫)이 권력이 극에 달하자, 반역할 생각
  을 가지고 말하기를 "사나이가 백세에 좋은 명성을 전하지 못할 바엔 또한 악명이라
  도 만년에 남겨야 한다"고 한 데서 온 말이다. 그는 은밀히 찬탈을 꾀하다가 성사하
  지 못하고 병사하였다. 그의 아들 환현(桓玄)도 막대한 권력으로 안제(安帝)에게 선
  위(禪位)를 받고 제호(帝號)를 참칭(僭稱)했다가 유유(劉裕)에게 패하여 죽었다.

9 네 올빼미: 올빼미는 악인을 비유하는데, 여기서는 위에서 말한 왕돈(王敦)·소준(蘇
  峻)·환온(桓溫)·환현(桓玄) 네 사람을 가리킨다.

온화했던 안제와 공제는

바로 이 유씨들의 임금이었는데,

푸른 하늘을 속일 수 있다고 여겨,

높이 요순의 훈풍을 끌어댔으나,

선위를 받아 끝내는 역적이 되었네.

사관은 문장을 교묘하게 꾸며,

사령(四靈)이 응했다고 핑계를 대어,[10]

태산에 봉선하고 분음(汾陰)에 제사하니,[11]

거짓 천명을 만들 수는 있어도,

세상의 혼란은 어지러움이 마땅했네.

천리가 순환하는 것이 마땅하여 그렇게 된 것이니,

유소(劉劭)[12]가 마침내 천친(天親)을 멸하였도다.

「술주」에는 숨어 있는 말이 많으니,

팽택(彭澤)[13]은 비교할 무리가 없구나.

和陶淵明述酒(幷序)

余少讀述酒 殊不省其義 及見和陶詩湯東潤註疏 然後知爲零陵之哀
詩也 嗚呼 非湯公 劉裕簒弑之罪 淵明忠憤之志 幾乎隱矣 其好爲瘦詞
者 其意以爲裕方猖獗 于時不能以容吾力 吾但潔其身耳 不可顯之於言

---

10 사령(四靈): 인(麟)·봉(鳳)·귀(龜)·용(龍)을 말하는데, 사령이 나타나는 것은 곧 제
왕이 출현할 길조라고 한다.

11 분음(汾陰): 한(漢) 무제(武帝) 때 분음에서 보정(寶鼎)을 얻고 나서는 감천궁(甘泉
宮)에 분음사(汾陰祠)를 세워 제사를 지낸 데서 온 말로 천자의 의식을 뜻한다.

12 유소(劉劭): 남조(南朝) 송(宋) 문제(文帝)의 장자(長子)로 일찍이 황태자에 책봉된
유소(劉劭)를 가리키는데, 뒤에 부왕(父王)을 무고(巫蠱)한 사실이 발각되어 폐태자
(廢太子)가 되어서는 마침내 시역(弑逆)을 자행하여 스스로 즉위하였으나, 의병(義
兵)에 의해 죽임을 당하고, 사가(史家)에는 원흉(元凶)으로 지목되었다.

13 팽택(彭澤): 도연명을 말한다. 그가 팽택의 수령을 지냈으므로 이렇게 부르기도 한다.

語 自招赤族之禍也 今余則不然 生於千載之下 何畏於裕哉 故畢露裕
凶逆 以附湯公註疏之末 後世亂臣賊子 覽余詩而知懼 則竊比春秋之一
筆云

　　鼎鐺猶有耳 人胡不自聞 君臣殊尊卑 乾坤位攸分 奸名斯不軌 赤族無
來雲 當時馬南渡 神州餘丘墳 天心尙未厭 有若日再晨 處仲首作孼(王
敦) 狼子非人馴(蘇峻) 蚩蚩遺臭夫 斅兒戕厥身(桓溫父子) 四梟者何功
天報諒慇懃 婉婉安與恭 乃是劉氏君 蒼天謂可欺 高挹堯舜薰 受禪卒反
賊 史氏巧其文 誘以四靈應 宗岱且祠汾 僞命雖能造 世亂當紛紛 好還
理則然 劭也蔑天親 逃酒多隱辭 彭澤無比倫

윤상 선생 시집 서문[14]

　경술(經術) 하는 선비는 문장(文章)에 약하고, 문장 하는 선비는 경술
에 어둡다고 한다. 세상 사람들이 이런 말을 하는데, 나의 소견으로
는 그렇지 않다고 생각한다. 문장이란 경술에서 나오는 것이니, 경술
은 바로 문장의 뿌리인 것이다. 초목에 비유하자면 뿌리가 없으면서
가지가 죽죽 뻗고 잎이 무성하며 꽃과 열매가 번성할 리가 어디 있겠
는가?

　시서 육예(詩書六藝)는 모두 경술이요, 시서 육예의 글은 바로 그 문
장이니, 진실로 그 글을 인하여 그 이치를 궁구해서 정밀하게 살피고
조용하게 깊이 완미하여, 이치가 글과 함께 나의 가슴속에 완전히 이
해된다면 그것이 드러나 언어(言語)와 사부(詞賦)가 되니, 스스로 잘하
기를 기약하지 않아도 저절로 잘되는 것이다. 예로부터 문장으로써
한 시대를 울리고 후세에까지 전한 이들이 모두 이와 같을 뿐이었다.

---

14 『점필재집』, 문집, 제1권, 序.

그런데 사람들은, 한갓 지금에 이른바 경술을 한다는 자들이 구두(句讀)나 훈고(訓詁)를 익히는 데에 불과하고, 지금에 이른바 문장을 한다는 자들이 아로새기고 얽어 만드는 기교에 불과한 것들만을 보았을 뿐이니, 구두나 훈고를 가지고 어찌 보불(黼黻)과 경천위지(經天緯地)의 문장을 의논할 수 있겠으며, 아로새기고 얽어 만드는 것을 가지고 어찌 성리 도덕(性理道德)의 학문에 참여할 수 있겠는가? 그리하여 마침내 경술과 문장을 나누어 두 가지로 여기면서 서로 쓰임이 되지 않는다고 의심하고 있으니, 아, 그 소견은 역시 천박하다 하겠다.

지금 세상에 살면서도 능히 뛰어나게 연마하고 진작하여 유속(流俗)에서 빼어나서 위로 공맹(孔孟)의 문호까지 탐구하여 넉넉히 작자(作者)의 경지에 들어간 사람이 어찌 없겠는가? 그런 사람이 없다면 그만이지만, 있다면 세상 사람들이 한 말은 또한 한 세상의 어진 이들을 속이는 것이 아니겠는가?

고(故) 모관(某官) 양양(襄陽) 윤선생(尹先生)이 바로 내가 말하는 그런 사람이다. 선생은 타고난 바탕이 순수하고 독실하며 학문(學文)에 널리 통하여, 그 의리의 정미함을 스스로 얻은 것이 많았기 때문에 시골에서 떨쳐 일어나 조정의 의표(儀表)가 될 수 있었다. 그리하여 전후 20여 년 동안 성균관에 있으면서 후진들을 가르쳐 인도하여 늙어서도 게을리 하지 않음으로써, 당시의 높은 벼슬아치나 알려진 사람들이 모두 그의 문하에서 나와 사도(師道)가 존엄해졌으니, 양촌(陽村) 이후로 일인자인 것이다.

선생이 문장을 하는 것은 비록 잡다한 일에서 나와 평이하고 간략하고 온당하여 얼핏 보면 마치 질박하고 속된 듯하나 자세히 완미해 보면 흥취가 작작하게 넘치니, 이것은 모두 육경(六經) 속에서 흘러나와 이루어진 것이다. 그래서 선생과 동시에 강석(講席)에 있던 중추부사(中樞府事) 김말(金末), 사성(司成) 김반(金伴), 문장공(文長公) 김구(金鉤) 같은 이들이 경술은 선생의 다음은 갈 수 있었으나, 문장은 선생과

우열을 다툴 수가 없었으니, 선생은 참으로 이른바 덕(德)과 재(才)를 겸한 분인 것이다.

평생에 지은 것이 적지 않았으나, 지었다가는 이내 버리곤 하여 한 편의 시문도 쌓아 두지 않았다. 그런데 선생의 아들인 전 군위 현감(軍威縣監) 계은(季殷)은 나와 같은해에 진사(進士)가 되었는데, 그가 다 흩어져 없어지고 난 나머지에서 이리저리 주워 모아 시문 약간 편을 얻어서 베껴 한 질(帙)을 만들고 나에게 급하게 서문 지어 주기를 청하였다. 그래서 나는 이렇게 말하였다.

선생이 세상을 뜬 지는 비록 오래되었으나 지금까지 우리나라 사람들이 선생을 마치 태산 북두(泰山北斗)처럼 우러르고 있고, 그 경서(經書)의 정수(精粹)를 제자들에게 직접 입으로 가르쳐 준 말에 대해서는 진신 학사(縉紳學士)로부터 포의(布衣)의 무리에 이르기까지 모두가 그것을 글로 써서 전하여 외우고 있으며, 인재를 양성한 일에 대해서는 태사씨(太史氏)가 또 사책(史策)에 기록한 것이 한두 번이 아니므로, 빛나는 사업을 충분히 후세에 밝힐 수 있으니, 지금 이 잔편 단간(殘篇斷簡)이야말로 비록 전하지 않더라도 어찌 손상이 되겠는가?

그러나 부모의 유물이란 비록 두건이나 신, 가지고 다니던 송곳 같은 하찮은 것이라도 자식 된 사람으로서는 오히려 신중히 간직하여 보호하는데, 더구나 시문이라는 것은 어버이의 마음에서 나와 어버이의 말에서 이루어진 것임에랴! 마땅히 군이 수록(收錄)하는 데에 정성을 다하여 무궁한 후세 자손들에게 끼쳐 주어야 한다. 나도 또한 선생에게 사숙한 사람이니, 감히 즐겨 쓰지 않겠는가?

尹先生祥詩集序

經術之士 劣於文章 文章之士 闇於經術 世之人有是言也 以余觀之
不然 文章者 出於經術 經術 乃文章之根柢也 譬之草木焉 安有無根柢

而柯葉之條暢 華實之穠秀者乎 詩書六藝 皆經術也 詩書六藝之文 卽其
文章也 苟能因其文 而究其理 精以察之 優而游之 理之與文 融會於吾
之胸中 則其發而爲言語詞賦 自不期於工而工矣 自古 以文章鳴於時而
傳後者 如斯而已 人徒見夫今之所謂經術者 不過句讀訓詁之習耳 今之
所謂文章者 不過雕篆組織之巧耳 句讀訓詁 奚以議夫黼黻經緯之文 雕
篆組織 豈能與乎性理道德之學 於是乎遂岐經術文章爲二致 而疑其不
相爲用 嗚呼 其見亦淺矣

居今之世 有能踔厲振作 拔乎流俗 上探孔孟之閫奧 而優入作者之域
者 豈無其人耶 無其人則已 如有之 世人所云 不亦誣一世之賢也哉 故
某官襄陽尹先生 乃吾所謂其人也 先生 資稟純篤 學文該通 其於義理之
精微 多有所自得 故能奮興於鄕曲 而羽儀於朝著 處胄監前後二十餘年
提撕誘掖 至老不倦 當時之達官聞人 皆出其門 師道尊嚴 陽村以後一人
而已 爲文章 雖出於緒餘 而平易簡當 乍見若質俚 而細玩之 綽有趣味
皆自六經中流湊而成 同時據皐比 如金樞府末金司成伴金文長鉤 經術
則可爲流亞 而文章則不能與之爭衡焉 先生眞所謂有兼人之德之才者也
其平生所作不爲少 然而旋作旋棄 不畜一紙 先生之子前軍威縣監季殷
余之同年進士也 僅收拾於散逸之餘 得若干篇 錄爲一帙 要弁其端 余曰
先生之歿雖久 而至今東人 仰之如泰山北斗 其所口授弟子經書精粹之
語 自縉紳學士 以至韋布之徒 無不筆之於書而傳誦之 作人之盛 太史氏
又紀諸汗竹 不一再焉 事業炳炳 足昭來世 今此殘篇斷簡 雖不傳 庸何
傷 然父母之遺物 雖巾屨佩觿 爲子者 尙欲謹藏而保護之 況詩文者 出
於親之肺腸 成於親之咳唾者乎 宜君之拳拳於收錄 以貽子孫於無窮也
余亦私淑人也 敢不樂爲之書

영가연괴집 서문[15]

문장은 작은 기예이고 시부(詩賦)는 또 문장 가운데 말단일 뿐이다. 그러나 성정(性情)을 다스리고 풍교(風敎)를 펴서 당세를 울리고 무궁한 후세에까지 전하는 일에 있어서는 실로 시부에 힘입는 바가 있다. 그러나 진실로 호걸한 재주가 아니면 누가 이런 경지에 참여할 수 있겠는가? 호걸한 재주가 세대마다 없지는 않았으나, 부자(父子)와 조손(祖孫)이 아름다운 일을 서로 이어서 쌓아 온 경륜을 발휘하여 국가의 성세를 울린 이들이 고금에 몇 사람이나 되겠는가?

우리 동방에는 목은(牧隱), 설곡(雪谷),[16] 통정(通亭)[17] 등 몇 사람 부자(父子)가 모두 문집이 있다 하나, 셀 수 있는 사람은 참으로 손가락을 다 꼽기도 어렵다.

그런데 영가 권씨(永嘉權氏)의 집이 특별히 그중 하나로 참여하였으니, 아, 훌륭하도다! 문장뿐만이 아니라 문과 급제자가 대대로 끊이지 않았고, 지재(止齋),[18] 소한당(所閑堂)[19]이 서로 이어 장원(狀元)을 함에 이르러서는 계림(桂林)의 일지(一枝)요 곤산(崑山)의 편옥(片玉)으로서 예원(藝苑)에 높이 드러나고 조정에 밝게 광채가 났으며, 그 평생 동안 조정에서 이룬 큰 일과 위대한 공적은 당(唐)나라의 소장(蕭張), 송(宋)나라의 왕려(王呂)와 서로 오르내릴 만하니, 아, 성대하도다!

소한당의 아들 숙강(叔强)[20]은 가업을 잘 이어서 약관도 되기 전에 문과에 급제하여 한림을 거쳐 승정원에 들어가 지금 우승지가 되었으니, 권씨 집안의 시서(詩書)의 여택(餘澤)이 다하지 않았음을 알 수

---

15 『점필재집』, 문집 권1, 序.
16 설곡(雪谷): 고려말 정포(鄭誧)의 호다.
17 통정(通亭): 고려말 강유백(姜淮伯)의 호다.
18 지재(止齋): 권제(權踶)의 호다.
19 소한당(所閑堂): 권람(權擥)의 호다.
20 숙강(叔强): 권건(權健)의 호다.

있겠다.

숙강이 조부와 부친의 유문(遺文)을 모아서 몇 권의 책으로 만들었는데, 달성(達城) 서거정 아상(亞相)이 그 위에 『영가연괴집』이라 제목을 붙였다. 내가 얻어서 읽어 보니, 두 사람의 시가 체단(體段)과 격률(格律)은 실로 양촌(陽村)의 규범에서 근원했으며 삼대의 제작(制作)이 스스로 일가를 이루었는데, 질박하면서도 속되지 않고, 넉넉하면서도 과장한 데에 이르지 않아서, 혹은 전실(典實)하고 혹은 충담(沖澹)하여 두 공(公)이 서로 낫거나 못하지 않다. 장주(莊周)가 말하기를, "아버지는 자식에게 전하지 못하고, 자식은 아버지에게서 받지 못한다"고 하였는데, 어찌하여 이 두 부자 사이에는 마치 전해준 듯도 하고 받은 듯도 하여 사색(思索)과 묘사의 밖으로 뛰어남이 있는가? 이는 바로 그 타고난 풍취의 고상함과 학문의 도저함이 각각 그 타고난 바탕의 극에 도달하여 주제와 조어(造語)가 정미하게 은연중 합치되어 마치 전하고 받은 것이 있는 듯하니, 자못 보통 사람들과 함께 말하기 어려운 것이 그 가운데 있는 것이다. 아, 두 사람은 참으로 호걸한 재주가 있는 사람이라고 하는 것이다.

이제 성명(聖明)한 임금이 위에 계시어 문치(文治)가 크게 천명됨으로써 여러 고명한 신하들의 유고(遺藁)들이 왕왕 성상께 보여졌다. 그러니 이 문집 또한 의당 고령(高靈) 신 문충(申文忠), 영성(靈城) 최 문정(崔文靖), 진산(晉山) 강 문량(姜文良), 양성(陽城) 이 문간(李文簡)의 저작과 함께 전해져서 없어지지 않을 것은 의심할 것이 없다. 천년 뒤에라도 누가 감히 작은 기예라 하여 그것을 가벼이 여길 수 있겠는가?

永嘉連魁集序

文章 小技也 而詩賦 尤文章之靡者也 然而理性情 達風敎 鳴于當世 而傳之無窮 詩賦實有賴焉 苟非豪傑之才 其孰能與於此 豪傑之才 世不

乏人 而父子祖孫 襲嫩踵武 以振發經綸之蘊 以筆鏞國家之盛者 古今幾
何人哉 吾東方 如牧隱雪谷通亭諸公父子 俱有集 可枚數者 誠難倒指
而永嘉權氏之家 特與其一 吁 美矣哉 非惟文章耳 淡墨之榜 世世不絶
至于止齋所閑堂 相繼大魁 桂林一枝 崑山片玉 翹擧藝苑 輝映巖廊 其
平生立朝大節 與夫隆功偉績 可頡頑于唐之蕭張 宋之王呂 吁 盛矣哉
所閑之子叔强甫 能世其業 未弱冠 而擢巍科 由鑾坡 而入銀臺 今爲右
承旨 權氏詩書之澤 方將未艾 可知也已 叔强甫 裒集祖父之遺文 釐爲
若干卷 達城徐亞相 題其上曰 永嘉連魁集 宗直因得而讀之 二公之詩
體段格律 實根於陽村之規範 而三世制作 自成一家 質而不傷於俚 贍而
不傷於夸 或典實 或沖澹 二公不相上下焉 莊周云 父不得傳之於子 子
不得受之於父 何二公父子之間 若能傳之 若能受之 有出於思索捉摸之
外歟 是其天趣之高 學問之到 各極其稟 而命意造語 精微暗合 若或有
傳之受之 殆難與衆人語者 存乎其中 吁 二公者 眞所謂豪傑之才也 方
今聖明在上 文治大闡 諸老遺藁 往往徹于淸燕 是集 亦當與高靈申文忠
寧城崔文靖 晉山姜文良 陽城李文簡之作 竝傳而不朽也 無疑矣 千載之
下 孰敢以小技而易之哉

밀양 향교의 제군에게 보내는 편지[21]

더위가 다하여 물러가고 만물이 각기 형상을 갖추는데 제군들의
학문 닦는 범절은 어떠하며, 최선생(崔先生)께서는 어떠합니까?
나는 복을 벗은 이후로는 흉년에 몰리어 가족들을 이끌고 금릉(金
陵)으로 돌아왔는데, 하루도 고향에 편히 있지 못하고 몇 사람과 함께
경전을 토론하고 시제(時制)를 연구하여 학교 중에 떨어뜨릴 수 없는

21 『점필재집』, 문집 권1, 書.

기강을 붙들어 세워서 영원히 지키는 바가 있게 하기 위하여 자나깨
나 참으로 마음을 대단히 쓰고 있는 바입니다.

그래서 일전에 잘못 주상의 은혜를 입어 시강(侍講)의 자리에 임명
되었으나, 불행히 병 때문에 조정에 사직소를 올렸으니, 실로 병이
치유되고 몸이 한가해진다면 장차 화주(貨舟)를 타고 남쪽으로 돌아가
서 예전의 계획을 이룰 수 있을 것입니다.

가만히 생각해 보니, 시골의 풍속이 경박해지고 조정의 정화(政化)
가 막히는 것은 그 병의 근원이 오로지 학교의 강학(講學)이 밝지 못
한 데에 있는 것입니다. 강학이 실로 밝아진다면 효제충신(孝悌忠信)의
가르침을 사람마다 익숙하게 익히게 함으로써 학교부터 마을에 이르
기까지 훈도되고 발전되는 것이 절로 그치지 못하게 될 것입니다. 그
렇게 된다면 오륜(五倫)이 각각 그 차례를 얻고 사민(四民)이 각각 자기
의 업(業)에 편안하여 집집마다 관작을 봉할 만한 풍속을 이것을 인해
서 점차로 이룰 수가 있을 것입니다. 그렇게 되면 어찌 완고하고 악
하며 우둔하여 기강을 범하는 사람이 그 사이에서 체동(蠆蝀) 같은 짓
을 하겠습니까?

이것으로 말미암아 본다면 한 고을의 치란(治亂)은 실로 향교에 관
계되는데, 한 고을만이 아니라 천하라도 다 그러한 것이니, 크고 작
은 것은 다르지만 그 법칙은 한가지인 것입니다.

밀양은 고을이 된 지 오래인데, 산천(山川)이 옷깃이나 띠처럼 둘러
있어, 맑고 웅장하고 깊고 아늑하며, 토지가 비옥하여 백성들은 부유
하고, 산에는 닥나무와 옻나무, 곰과 범, 금석(金石)과 대나무의 이익
이 있고, 물에는 각종 수초와 물고기와 자라, 억새와 갈대 등의 풍요
로움이 있으므로, 물물교환을 하려는 사람들이 사방에서 모여드니,
비록 이곳을 동남쪽의 한 도회(都會)라고 해도 될 만합니다. 그리고
그 백성들은 또한 곡식을 심어 가꾸고, 누에치고 길쌈하는 일에 부지
런하고, 조세(租稅)와 요부(徭賦)를 내는 데에도 빠르니, 윗사람이 실로

인의(仁義)로써 점차로 다스린다면 교화하기도 쉽고 부리기도 쉬울 것입니다.

그런데 전조(前朝)의 중엽에 나라의 기강이 해이해지자, 이 고을의 불량배인 방보(方甫), 계년(桂年) 등의 무리가 순진한 백성들을 그릇되게 유도하여 진도(珍島)의 적(賊)에게 호응하게 하였으나, 불량배들이 서로 모인 지 얼마 안 되어 절로 섬멸되기에 이르렀습니다.[22] 세상에서는 마침내 이것 때문에 그곳의 풍속을 폄하하여, 후세에 관풍록(觀風錄)을 쓰거나 지리지(地理誌)를 만드는 사람들이 모두 "그곳 백성들은 투쟁하기를 좋아한다"고 기록함으로써 지금까지 산천과 인물의 수치가 되고 있습니다.

아, 제(齊)나라와 노(魯)나라는 문헌(文獻)의 나라이며 공맹(孔孟)의 유교(遺敎)가 남아 있는 곳이지만, 수많은 세운(世運)을 거치면서 간부(奸夫)와 대도(大盜)가 그 땅을 점거하여 난(亂)을 일으키는 자도 많았습니다. 그러나 중국 사람들은 이것 때문에 그 지방까지 아울러 나무라지 않고, 예의(禮義)의 풍속을 일컬으려면 반드시 이 두 나라를 으뜸으로 삼고 있습니다. 그런데 어찌하여 우리 고을은 방보, 계년 등이 한 번 일으킨 난 때문에 백세 후에까지도 그 모욕을 받습니까? 여기에서 관풍록을 쓰거나 지리지를 만드는 사람들이 도량을 너그럽게 하지 못하여 사람들에게 천선(遷善)의 길을 허여해 주지 않는 것을 알 수가 있습니다.

대체로 땅은 고금이 없으나 사람은 고금이 있는 것이니, 박(薄)한 것을 돌이켜 후(厚)하게 하는 데에 어찌 그 기틀이 없겠습니까? 그렇다면 그 책임은 또한 향교에 있지 않겠습니까?

지금은 성명(聖明)한 주상이 위에 계시어 문치(文治)가 한창 융성하

---

22 고려 원종(元宗) 때 밀양에서 방보(方甫), 계년(桂年), 박경순(朴慶純) 등이 진도(珍島)에 있는 삼별초(三別抄)에 합류하려고 난을 일으켰다가 토벌된 일을 말한다.

므로, 제군(諸君)들은 모두 준수한 선비로 초야에서 선발되어 유자(儒者)의 옷을 입고 수선(首善)의 자리에 거주하고 있으니, 의당 위로는 주상의 인재 기르기 좋아하시는 은혜를 본받고, 아래로는 풍속을 바꿀 방도를 생각하여, 효제충신의 도리를 강명(講明)해서 고을의 선구자가 되어 많은 어리석은 자들을 개도(開導)하여 옛날의 더러운 풍속을 깨끗이 씻는 것이 바로 해야 할 일입니다.

그런데 요즘에는 학규(學規)가 무너져서 장유(長幼)의 예절을 범하고, 신구(新舊)의 질서를 잃음으로써 가르침을 받아 배우고 익히는 소리는 거의 끊어지고, 교만하고 음란한 풍속만 서로 숭상하며, 비방하는 말이 매양 관부(官府)에 미치고, 고발하고 폭로하는 일이 쉽게 친구들 사이에서 드러나니, 그 행위는 심지어 초동 목수(樵童牧豎)도 말하기 부끄럽게 여길 정도의 일까지 있습니다. 참으로 이와 같다면 향교가 스스로 그 풍속을 무너뜨리는 것인데, 어떻게 한 고을의 사람들이 보고 느끼어 흥기하기를 바라겠습니까?

또 듣자니, 교방(教坊)의 창녀(倡女)를 사람마다 각각 차지하여 재사(齋舍)로 불러들여서 재우고 혹은 서로 훔쳐 차지하는 자도 있으며, 또는 석전(釋奠)의 음복(飮福) 및 사장(師長)에 대하여 칭수(稱壽)를 하거나 모든 연호(宴好)의 날에는 명륜당(明倫堂) 위에 기악(妓樂)을 베풀고, 학생들이 거기에 섞어 음란한 가무(歌舞)를 하고 문란하게 웃고 농지거리를 하는 등 갖은 추태를 다 부리면서 밤을 지새운다고 합니다. 그런데 사석(師席)에 있는 사람 또한 그런 행태에 익숙해져서 태연히 괴이하게 여기지 않고, 끝내 입을 다물고 금지하지 않으며, 비단 금지하지 않을 뿐만 아니라, 또 따라서 술에 빠져서 웃통을 벗는 자도 왕왕 있다고 합니다. 아, 이것은 바로 풍교(風敎)를 손상시키는 하나의 큰 단서입니다.

대체로 재(齋)라고 하는 것은 수렴하기 위한 것이요, 명륜(明倫)이라는 것은 인륜을 강명(講明)하는 것이니, 이렇게 이름을 지은 것이 어찌 헛된 것이겠습니까? 그런데 지금 이곳을 음란한 짓을 하고 고성방가 하는 곳으로 삼고 있으니, 또한 외설스럽지 않습니까?

선왕(先王)이 사람을 가르칠 적에 13세가 되면 음악을 배우고 시(詩)를 외고 문무(文舞)를 배우게 하였으며, 15세가 되면 무무(武舞)를 배우게 하였고, 20세가 되면 우임금의 무악(舞樂)인 대하(大夏)를 추게 하였으며, 춘하(春夏)에는 예악을 가르쳤으니, 이것이 모두 심신(心身)을 가지런하게 하고 밝히는 도구라고 여겼기 때문입니다. 그런데 어찌 일찍이 세속의 남녀들이 마치 금수가 하는 것처럼 서로 좋아하는 것을 낙으로 삼겠습니까? 더구나 정성(鄭聲)을 내치라는 말은 부자(夫子)께서 나라 다스리는 방법을 물은 안연(顏淵)에게 대답해 준 말씀입니다. 그런데 지금 석전의 날에조차 요사하게 사람을 고혹시키는 정(鄭)나라와 위(衛)나라의 복수(濮水) 가의 상림(桑林)에서 유행했다는 음탕한 음악을 성묘(聖廟)의 곁에서 벌이는 것이 할 수 있는 일입니까? 강학의 밝지 못함을 이것으로 유추하여 알 수 있습니다.

내가 지난번에 고향의 식자들과 함께 이 일이 언급되었을 적에 대단히 분개한 생각이 들어, 민간의 풍속은 비록 갑자기 고치기 어렵지만 학교의 풍습을 어찌 차마 그대로 둘 수 있겠느냐고 생각하였습니다.

옛날에 하번(何蕃)은 주자(朱泚)의 난리를 당하여 의연히 육관(六館)의 선비들을 강하게 질책하여 반역을 따르지 못하도록 하였으므로,[23] 한퇴지(韓退之)가 그의 용기를 칭찬하였습니다. 그리고 또 옛날 속담에 이르기를, "한 사람이 활을 잘 쏘면, 백 사람이 깍지와 팔찌를 정비한다"고 하였으니, 그것은 곧 본받는 자가 많다는 말입니다. 지금 제군

---

23 육관(六館)은 당나라 때 국자감(國子監) 안에 설치한 여섯 학관(學館)이다. 하번이 태학생으로 있을 때 주자(朱泚)의 난이 일어났는데, 태학생들 가운데 주자에게 붙으려는 자들이 많이 나오자, 하번이 육관의 생도들을 질책하여 막음으로써 오명(汚名)을 면하게 된 일을 말한다.

들 중에도 진실로 지난날의 잘못을 알고 유속(流俗)을 떨쳐내고 여기에서 그 품성과 행실을 바로잡아 닦고, 성리(性理)의 학문을 강구(講究)하고, 그 동료들과 마을을 인도한다면 바로 오늘의 하번과 같은 사람이며, 바로 오늘의 활 잘 쏘는 사람인 것이니, 온 향교의 선비가 바람에 쓸리듯이 따라서 다투어 깍지와 팔찌를 정비하지 않으리라고 내가 어떻게 생각하겠습니까? 또 온 고을 사람들이 점차로 감화(感化)를 받아서 모두가 효제충신(孝悌忠信)의 행실을 힘쓰지 않으리라고 내가 어떻게 생각하겠습니까?

인간의 도리와 사물의 법칙은 예로부터 없어지지 않고, 변화의 오묘함은 그림자나 메아리보다 빠른 것이니, 제군(諸君)은 재덕(才德)이 부족하다고 자처하지 말고 힘쓰기를 바랍니다. 어떤 사람이 나에게 말하기를, "임금의 교화를 받들어 백성들에게 널리 펴는 것은 부주(府主)가 할 일이고, 학문을 강론하여 도를 밝히는 것은 교관(教官)이 할 일이다. 그대는 그런 책임이 없는데도 이렇게 떠들어대니, 아무리 애를 쓴들 무슨 도움이 되겠는가?" 하므로, 내가 말하기를, "부주나 교관은 그가 비록 선정(善政)을 하더라도 그것은 6년이나 3년 동안에만 행해질 뿐이고, 또 앞사람이 잘한 일을 뒷사람이 그대로 계승하는 경우는 드물다. 그러나 나는 고을의 한 늙은이이며, 사문(斯文)의 한 선진(先進)으로서 여러 사람들과 함께 봄 가을마다 향사(鄉射), 향음(鄉飲), 양로(養老)의 의식에서 서로 주선(周旋)하고 읍양(揖讓)하는 사람이니, 이렇게 하면 내가 죽어 관 뚜껑을 덮기 이전까지는 모두 책선(責善)할 날이다. 그런 사람이 못 되면 그만이려니와 조금이라도 인의(仁義)의 마음을 지닌 사람이라면 한 번, 두 번, 세 번까지 책선하는 사이에 어찌 걱정하며 두려워하고 흡연(翕然)히 따르지 않을 자가 있겠는가?"라고 했더니, 그 사람이 말하기를, "그대의 말이 옳다" 하기에, 마침내 그의 말까지 아울러 기록하여 번거롭게 고하니, 제군들은 헤아리기 바랍니다.

與密陽鄉校諸子書

赤煒受代 品物流形 念惟諸子之藏修 何似 崔先生之函丈 何似 某服
闋來 爲凶年所驅 挈挈還金陵 不得一日安居于桑梓 與二三子 討論遺經
參究時制 以扶植學校中不可墜之綱維 使之永有所守 寤寐良用介介爾
日者 謬蒙上恩 承乏侍講 不幸以疾 奉辭于朝 疾苟愈矣 身苟閑矣 則將
貨舟南還 可以遂前計矣 竊思之 鄉閭風俗 所以澆漓 朝廷政化 所以壅
閼 其病源 專在於學校講學之不明也 講學苟明 則孝悌忠信之敎 人人服
習 由庠序 而及閭巷 薰蒸條鬯 不能自已 五倫各得其序 四民各安其業
比屋可封之俗 亦因以馴致矣 安有頑嚚干紀之人 蠢蝀於其間哉 由是觀
之 一邑之治忽 實關於鄉校也 不惟一邑 雖天下皆然 大小雖殊 而其揆
一也 密之爲邑久矣 山川襟帶 淸雄奧邃 田疇肥美 煙火富庶 山有楮漆
熊虎金石竹箭之利 水有蒲蠃菱芡魚鼈荻葦之饒 通工易産之人 四方而
集 雖謂之東南一都會 可也 其民 亦勤於樹藝蠶績 敏於租稅徭賦 上之
人 苟以仁義漸摩之 可易化而易使也 前朝中葉 乾綱解紐 州之群不逞如
方甫桂年之徒 誑誤齊民 以應珍島之賊 嘯聚未幾 自底蕩覆 世遂以此
貶絶其俗 後之錄觀風 誌地理者 咸曰 其民好鬬爭 至今爲山川人物之羞
辱焉

嗚呼 齊魯文獻之邦也 孔孟之遺敎存焉 而更歷世運 奸夫大盜 據其地
而爲亂者 多矣 然而中國之人 不以是併訛其地 若稱禮義之俗 則必以二
邦爲首 乃之何吾州 以一方桂之亂 而百載之下 尙蒙其汚衊耶 可見錄觀
風 誌地理者之不寬弘其量 而不許人以遷善之路也 蓋地無古今 而人有
古今 反薄歸厚 豈無其機 然則其責不在鄉校乎 方今聖明在上 文治方隆
諸君俱以秀士 選于畎畝 披逢掖之衣 居首善之地 是宜上體樂育之恩 下
念轉移之術 講明孝弟忠信之道 爲閭里倡開道群愚 湔滌舊汚 乃其事也
比來 學規頹廢 長幼凌節 新舊失倫 絃誦之聲殆絶 驕淫之風相尙 誹謗
每及於官府 告訐輒形於友朋 其所爲 至有樵童牧豎所羞導者 信如是 則

鄕校自壞其俗也 尙何望於一鄕之觀感而興起乎 抑又聞 敎坊倡女 人各自占 招宿齋舍 或有相竊者 且於釋奠飮嘏及師長稱壽 凡宴好之日 明倫堂上 妓樂前陳 靑衿雜糅 淫歌慢舞 詼嘲媟笑 備諸醜態 夜以繼晝 居師席者 亦狃於故常 恬不之怪 遂含糊不之禁 非惟不之禁 又從而沈酗袒裼者 往往有之 噫 斯乃傷風敎之一大端也 夫齋云者 所以收斂也 明倫云者 所以講明人倫也 以是爲名 夫豈徒哉 今乃以爲宣淫歌呼之地 不亦藝乎 先王之敎人 生十有三年 學樂誦詩 舞勺 成童 舞象 二十而舞大夏 春夏 敎以禮樂 是皆所以爲齊明之具也 曷嘗以世俗男女相說如禽獸之行之爲者 爲樂哉 而況放鄭聲 夫子所爲答顔淵爲邦之問也 今以釋奠之日 而鄭衛桑濮妖邪蠱惑之音 作之於聖廟之傍 可乎 講學之不明 玆可類推 某頃與吾黨識者 語及于此 未嘗不憤切于懷 以爲閭巷之風 雖難猝革 庠序之習 何忍因循 昔何蕃當朱泚之亂 毅然叱六館之士 使不從叛 韓退之稱其勇 又古諺云 一人善射 百夫決拾 言效之者衆也 今諸子中 苟有知前日之非 而奮拔乎流俗 于以矯拂其操行 于以講究性理之學 于以誘掖其儕輩鄕黨 則是今日之何蕃也 是今日之善射者也 吾安知一校之士 不靡然從之 爭爲決拾之備耶 又安知一邑之人 不薰陶漸染 皆勉爲孝弟忠信之行耶 民彝物則 從古不泯 變化之妙 捷於影響 願諸君 毋以菲薄自居 而勉旃可也 或謂余曰 承流宣化 府主之職也 講學明道 敎官之任也 子無其責 而爲是之喋喋 雖勤何裨 余曰 府主敎官 其政雖善 止行於六期三期間耳 且前之善 後之繼者 鮮矣 余則鄕中之一耆老也 斯文之一先進也 與諸子 每春秋 周旋揖遜乎鄕射鄕飮養老之儀矣 夫如是 則蓋棺以前 皆責善之日也 非其人則已 一毫有仁義之心者 一再至三之間 寧有不惕然懼翕然從者乎 或曰 子之言然 遂倂錄以瀆告焉 惟諸子 諒之

다원 2수(서문과 함께 쓰다)[24]

상공(上供)하는 차(茶)가 본군(本郡)에서는 생산되지 않으므로, 해마다 백성들에게 이를 부과한다. 백성들은 차값을 가지고 전라도에서 사오는데, 대략 쌀 한 말에 차 한 홉을 얻는다. 내가 처음 이 고을에 부임하여 그 폐단을 알고는 이것을 백성들에게 책임을 지우지 않고 관(官)에서 자체로 여기저기서 구하여 납부했다. 그런데 일찍이 삼국사(三國史)를 열람해 보니, 신라 때에 당나라에서 차 종자를 얻어와 지리산에 심도록 했다는 말이 있었다. 아, 우리 군이 바로 이 산 밑에 있는데, 어찌 신라 때의 남긴 종자가 없겠는가? 그래서 매양 부로(父老)들을 만날 때마다 그것을 찾게 한 결과 과연 엄천사(嚴川寺)의 북쪽 대밭 속에서 몇 포기를 얻었으므로, 나는 매우 기뻐하면서 그 땅을 다원(茶園)으로 만들게 하였다. 그 부근은 모두 백성들의 토지이므로 그것을 관전(官田)으로 보상해 주고 모두 사들였는데, 겨우 수년 뒤에는 제법 번식하여 다원 내에 두루 퍼졌으니, 4, 5년만 기다리면 상공할 수량을 충당할 수 있을 것이다. 마침내 시 두 수를 읊는다.

신령한 싹 올려 성군(聖君)께 축수코자 하는데,
신라 때의 남긴 종자가 있다는 말을 오랫동안 못 들었다.
지금에야 두류산 밑에서 채취하고 보니,
우리 백성 조금이라도 힘 펼 것이 기쁘네.

죽림 밖 황량한 동산 몇 이랑 언덕에
붉은 꽃 검은 부리가 어느 때나 무성할까?
다만 백성의 마음의 병을 치유하게 할 뿐이요,

---

24 『점필재집』, 시집 권10, 詩.

어린 차 싹을 바구니에 담아 진상하기는 바라지 않네.

茶園二首(幷敍)

上供茶 不産本郡 每歲 賦之於民 民持價買諸全羅道 率米一斗得茶一合 余初到郡 知其弊 不責諸民 而官自求丐以納焉 嘗閱三國史 見新羅時得茶種於唐 命蒔智異山云云 噫 郡在此山之下 豈無羅時遺種也 每遇父老訪之 果得數叢於嚴川寺北竹林中 余喜甚 令建園其地 傍近皆民田 買之償以官田 纔數年而頗蕃 敷遍于園內 若待四五年 可充上供之額 遂賦二詩

欲奉靈苗壽聖君 新羅遺種久無聞
如今擷得頭流下 且喜吾民寬一分

竹外荒園數畝坡 紫英烏觜幾時誇
但令民療心頭肉 不要籠加粟粒芽

함양성 나각의 지붕을 개수하고 지은 시[25]

함양성 나각은 모두 243칸이다. 한 칸마다 세 집이 함께 지붕을 수리하여 볏짚으로 지붕을 덮는데, 해마다 비바람에 지붕이 무너지면 백성들이 비록 농사철이라 할지라도, 반드시 소에 볏짚과 재목을 실어다가 수리를 하였다. 역대에 계속 이렇게 해 오다 보니 백성들이 매우 괴로웠다. 을미년 2월에 내가 부로들과 상의하여 다시 토지 10결을

---

25 『점필재집』, 시집 권10, 詩.

비율로 삼아, 한 칸마다 거의 열 가호씩을 배정해서 썩은 재목을 바꾸고 또 기와를 이게 하였더니, 한 가호에 겨우 기와 10여 장씩만 내놓아도 충분하여 닷새가 안 되어 일을 마치게 되었다. 백성들이 처음에는 급하게 경장하려는 것을 의심하였으나, 일이 완성된 뒤에는 모두 기뻐하며 좋다고 일컬으므로, 마침내 이것을 기록하여 보인다.

이백사십여 간가(間架)가 되는 집이
비바람으로 해마다 지붕을 잇는 수리가 잦았네.
때마다 일천 가호 동원할 일 걱정됐으나,
힘 합하면 석 달 안에 마치리라 바랐네.
도끼 자귀로 착착 깎는 소리 일찍 거두고,
나란하게 기와 이으니 눈앞이 새롭게 바뀌었네.
십 년 동안 농촌에서 평온하게 지냈으니,
내가 옛 것만을 따르지 않는다는 것을 어찌 알겠는가?

咸陽城羅閣 凡二百四十三間 每間 三戶共葺 覆之以草 歲爲風雨所壞 小民雖在農月 必牛載藁草及材以修之 歷世因循 民甚困焉 乙未二月 余謀諸父老 更以田十結爲率 一間幾配十戶 易其腐材 且令覆以瓦 一戶纔出瓦十許張而足 未五日而訖功 民初訝更張之猝迫 旣成則俱懽然稱美 遂書此以示之

二百四十餘間架 風雨年年補葺頻
時紲方虞動千室 力均猶冀及三春
斧斤斲斲收聲早 瓦縫鱗鱗轉眼新
十載田原穩耕稼 渠能知我不因循

등루부에 견주어 짓다[26]

을유년 2월에 내가 밀양에서 서울로 돌아가는 길에 옥천(沃川)에 이르러 적등탄(赤登灘)을 건너서 언덕 위의 누각에 올라 경물(景物)을 구경하다가 심회가 상하여, 마침내 중선(中宣)[27]의 「등루부」에 견주어 지었다.

천년 뒤에 다시 누각을 오름이여,
내 마음이 실로 옛사람과 합치했도다.
어찌하여 빈한하고 미천한 사람이
태평한 시대에 현양하기를 바라는가?
지난날 외롭고 둔한 말이 길을 알았던 것은
사사(士師)의 맑은 유풍에 의지했기 때문이다.[28]
비록 사곡한 길이 어지럽게 널렸지만,
감히 곁눈질하거나 달려가지 않았네.
과연 세상과 서로 부합되지 않으니,
험난한 길에서 거꾸러지기 마땅하네.
이미 삼부(三釜)의 적은 녹봉도 꾀하지 못하고,
국문(國門)을 밀치고 남쪽으로 떠나왔네.
눈과 서리를 무릅쓰고 멀리 달려,
밀양으로 어머니를 찾아가 뵈었네.

---

26 『점필재집』, 문집 권1, 辭·擬.
27 중선(中宣): 삼국(三國)시대 위(魏)나라 왕찬(王粲)의 자이다.
28 사사(士師): 사사는 형관(刑官)의 이름인데, 춘추시대 노(魯)나라 유하혜(柳下惠)가 사사에 임명되어 세 번 쫓겨나자, 어떤 사람이 말하기를 "그대는 떠날 만하지 않은가?" 하니, 유하혜가 대답하기를 "도를 바르게 하여 사람을 섬기면 어디를 간들 세 번 쫓겨나지 않겠으며, 도를 굽혀 사람을 섬기려면 어찌 꼭 부모의 나라를 떠날 필요가 있겠는가?"[『논어』, 「미자(微子)」]고 했던 데서 온 말이다.

곡식이 여물지 못한 해를 만나

거친 음식도 제대로 먹을 수가 없네.

사당에서 형제들을 살펴보니

경란(鏡鸞)의 고아와 과부처럼 비참하구나.

마을 사람들은 분주히 와서 모여

짐짓 나에게 장마(仗馬)의 고사[29]를 들어 경계를 하네.

오로지 묵묵하게 조용히 살며

밭갈고 낚시질하려던 초심을 이루고 싶네.

추운 겨울 지나고 따스한 봄 돌아오니,

새들은 동산 숲에서 지저귀네.

각건 쓰고 밀랍 칠한 나막신을 신고

그윽한 곳에서 소요하고 싶었네.

이때 나를 병액(兵額)에 보임하여,

나를 봉수대나 지키게 하네.

중도 도사도 아닌데 어디로 도망가랴.

정첨(鄭詹)[30]을 두고 점을 쳐서 길흉을 살피네.

어머님께 우러러 눈물을 흘리고는,

관과 패옥 정제하고 슬피 돌아가네.

개탄스러워라, 나의 행차 더딤이여,

더구나 길조차 멀고도 험난하구나.

아침이면 내 길을 가고 저녁이면 잠자는데,

---

29 장마(仗馬)의 고사: 장마는 황제의 의장에 쓰이는 말을 이른다. 당나라 때 재상 이임보(李林補)가 조정의 관리들을 위협하기를 "그대들은 의장에 선 말을 보지 않았는가? 종일 조용하게 있으면 세 종류의 건초와 콩을 먹지만, 한번 울었다 하면 바로 쫓겨난다"고 한 데서 온 말이다. 장마는 또 바른 말을 하지 못하는 간관을 뜻하기도 한다.

30 정첨(鄭詹): 춘추시대 정(鄭)나라 대부 첨(詹)을 말한다. 첨이 제(齊)나라에 사신으로 갔는데, 정나라가 제나라에 조회하지 않았다는 이유로 체포되었다가, 이 해 가을에 제나라에서 도망쳐 왔다는 고사에서 비롯된 말로, 도망치는 일을 비유한 것이다.

날이 갈수록 고향과는 멀어지는구나.
물은 어찌 그리 깊어 굽어볼 수가 없고,
누각은 어찌 그리 높아 오를 수도 없는가?
적등탄에 이르러 바로 건너니,
문득 이 누각이 발돋움하여 바라볼 듯하구나.
말고삐 매고 올라서 배회하니,
황홀한 봄 경치가 멀리까지 이어져 있네.
여울에 구부리고 물고기를 보니,
고향 냇물의 방어와 잉어가 생각나네.
촌락에 꽃핀 나무 두루 구경하니,
고향 동산의 복사꽃 오얏꽃이 생각나네.
들에서 향기로운 나물을 뜯으니,
고향 산의 고사리 고비가 멀리 생각나네.
내 마음 꽉 잡아 놓지 않으니,
아 중도에서 다시 돌아가고 싶은 마음 간절하네.
혼자 일어서서 눈을 이리저리 돌리니,
아름다운 흰구름이 외로이 나네.
다시 난간에 기대어 잠시 잠이 드니,
한가로운 꿈은 끊임이 없구나.
갑자기 하인이 나를 불러 깨우고,
기장밥이 이미 익었다고 알리네.
물 가져오라 하여 손 씻고 우두커니 서 있으니,
태양은 빨리도 서쪽으로 기우네.
층계를 내려와서 안장에 걸터앉으니,
장이 뒤틀리고 우울하고 답답하여라.
진실로 가고 머묾은 나에게 달렸는데,
왜 결단하지 못하고 스스로 미혹되는가?

아 격문 받아들고 안색을 바꾼 것은,
보통 사람은 헤아릴 수 있는 게 아니네.
가난을 위해 승전 벼슬한 것을 생각하니,
또한 다시 접여[31]에게 슬픈 탄식이 나오네.
실로 스스로 재물 모으기만 도모한다면,
누가 내 먹은 나머지를 먹으리.
세속의 더럽고 혼탁함이 가증스러우니,
백일 아래서 처자에게 교만을 부리는구나.[32]
산초와 난초 또한 따라서 변하는데,
슬프게도 겉모양만 풍성하고 실상이 없구나.
화살처럼 바르게 도를 실천함이여,
사람들 떼지어 지껄이고 비웃는구나.
선현들의 훌륭한 자취를 징험해 보니,
참으로 나의 운명은 잘못된 게 많구나.
내 처음 뜻을 아직도 후회하지 않으니,
비록 운수가 궁색해도 변치 않으리.
아직 백세가 뒤에 있으니,
맹세한 말이 확고하지 못할까 두렵구나.
애오라지 큰 띠에 써서 스스로 깨우쳐,
주야로 부지런히 힘쓰리라.

---

31 접여(接輿): 춘추시대 초(楚)나라의 은자(隱者)인데, 무도(無道)한 세상에서 도를 행하려고 한다고 공자를 기롱했다(『논어』, 「미자」).

32 춘추시대 제(齊)나라에 처와 첩을 거느리고 살던 사람이 나가기만 하면 술과 고기를 배불리 먹고 돌아와서는 부귀한 사람들과 먹었다고 하므로, 한번은 아내가 그의 뒤를 따라가 엿보니, 아는 사람은 하나도 없었고 오직 동곽(東郭)의 무덤 사이를 이리저리 다니면서 제사 지내고 남은 음식을 얻어먹었다. 그날도 역시 의기양양하게 돌아와서는 처첩에게 교만을 부리더라는 고사에서 나온 말이다(『맹자』, 「이루 하(離婁下)」).

擬登樓賦

乙酉二月 余自密陽還京 道出沃川 渡赤登灘 登岸上樓 覽物傷懷 遂擬仲宣登樓之作

後千載以登樓兮　心實獲乎古人
胡蓬蓽之側陋兮　希明揚於昌辰
曩孤騫而識路兮　依士師之淸塵
雖徑竇之紛如兮　不敢晛之敢驅
果與世而齟齬兮　宜顚躓乎險途
旣三釜之不吾謀兮　排國門而南徂
凌雪霜以遙奔兮　就慈闈於推火
値歲年之未稔兮　腹蔬糲之不果
省兄弟於影堂　悲鏡鸞之孤寡
里閭繽其來集兮　故徼余以伕馬
專純嘿以靖處兮　願遂耕釣之初心
歷玄英而發春兮　鳥間關於園林
理角巾與蠟屐兮　思逍遙乎幽尋
時搜補衿兵額兮　將械余以兜鈴
匪緇黃其曷逃兮　觀貞卜於鄭詹
仰春暉以流涕兮　矯冠佩而悲還
慨余行之遲遲兮　矧道里之脩艱
朝余征而夕寢兮　逴日遠乎關山
水何深之不臨兮　樓何高之不攀
戾赤登而徑渡兮　忽茲宇之如跂
聊繫馬以徙倚兮　恍煙景之邐迤
俯湍瀨而窺魚兮　想故川之魴鯉
覽榮木於聚落兮　懷故園之桃李

174

擷芳新於野田兮　緬故山之蕨薇
膠余心而莫捨兮　羌中道而懷歸
子起立而騁目兮　白雲藹其孤飛
復憑檻以假寐兮　魂怡儀而無所極
忽僕夫之喚醒兮　報黃粱之已熟
揮沃盥以延佇兮　駿烏奮迅其西昃
下階梯而據鞍兮　腸馮回而鬱塞
固行止之在我兮　何不斷而自惑
唁捧檄而動色兮　非尋常之可測
念乘田之爲貧兮　亦復獻欷乎接輿
苟自圖於封殖兮　人誰食乎吾餘
嫉世俗之泞濁兮　驕妻子於白日
椒蘭隨以變化兮　哀容長而無實
有踣道之如矢兮　羌群咻而衆哤
徵往哲之芳躅兮　信余命之多愆
顧初服其猶未悔兮　縱阨窮而勿遷
尙百歲之在後兮　懼誓言之不堅
聊書紳以自詔兮　庶日夜以乾乾

세조 혜장대왕 악장[33]

우뚝하신 세조 대왕은
실로 하늘이 덕을 내셨네.
군왕의 기강을 정돈하시고,

---

[33] 『점필재집』, 시집 권6, 詩.

대업을 이끌어 넓히셨네.
밝도다, 문무의 덕이여!
빛나도다, 예악이여!
융성한 공 창조하고 지켜서,
무궁하게 광휘를 드리우셨네.
〔이상은 외외곡(巍巍曲)이다.〕

오직 천명이
일덕으로 돌아가고 상서가 모여드니,
훌륭하도다, 우리 임금이시여!
손에 상서의 도록을 쥐고서,
크게 무공(武功)을 잇고 문모(文謨)를 드러내셨네.
내란을 깨끗이 숙청하고,
권강(權綱)을 거느려 잡으시니,
음양의 조화 이루어 사방이 편안해졌네.
백성들은 농사에 힘쓰고,
이웃 구적과도 서로 왕래하며,
황제의 하사 빈번하여 은혜를 받았도다.
예악을 모아 정리하고 다스리며,
제작이 일신되어,
좋은 계책 남기어 후손에게 유익함을 내렸네.
아 하늘에 영령이 밝게 계시어,
우리를 편안케 하고 이루기를 바라니,
천추만세에 태평성대를 열었도다!
〔이상은 천명곡(天命曲)이다.〕

世祖惠莊大王樂章

嵬嵬世祖 實天生德 整頓皇綱 延弘大業 昭哉文武 煥焉禮樂 創守隆
功 垂耀無極 (右巍巍曲)

維天命 歸一德集禎符 丕哉我后 手握瑤圖 丕承武烈闡文謨 肅淸內亂
總攬權綱 陽舒陰慘靖四方 黎民耕鑿 隣寇梯航 便蕃帝賚受龍光 纂禮修
樂 制作一新 貽謀燕翼裕後人 於昭于天 綏我思成 千秋萬歲啓隆平 (右
天命曲)

승려 계징이 지리산에 놀러 가는 데에 대한 서문[34]

서방(西方)의 성인(聖人)은 석가모니보다 높은 이가 없고, 동방(東方)
의 산(山)은 두류산(頭流山)보다 높은 산이 없다. 불학을 배우는 사람은
석가모니를 표준으로 삼고 있으니, 용수(龍樹)·마명(馬鳴)·달마(達摩)·
임제(臨濟)는 감화력이 그 아래이다.

우리나라에서 산을 보는 것이 어찌 이와 다르겠는가? 금강산(金剛
山)은 동쪽의 웅산(雄山)이고 묘향산(妙香山)은 북쪽의 웅산이며 구월산
(九月山)은 서남쪽의 웅산인데, 두류산에 오르면 세 웅산이 눈 아래 있
어 마치 조그마한 언덕처럼 보일 뿐이다. 어찌 이뿐이겠는가? 해내(海
內)에 있는 항산(恒山)·태산(泰山)·형산(衡山)·화산(華山) 또한 물러나
웅크리기에 겨를이 없다.

징 상인(澄上人)은 석가모니를 따라 배우는 사람이다. 젊어서 덕원군
(德源君) 이서(李曙)를 섬길 적에는 비록 천한 일이라도 꺼리지 않았다.
그러다가 늦게야 불교를 좋아하여 채색 옷을 벗고 가사(袈裟)를 입고서

---

34 『점필재집』, 문집 권1, 序.

명산(名山)에 두루 들었고, 계행(戒行)이 맑고 높으므로, 도(道)를 닦는
자들이 다투어 그를 따랐다.

이윽고 그는 대방(帶方)[35]으로부터 두류산을 유람하면서 반야봉(般若
峯)을 오르고 천왕봉(天王峯)을 밟았고, 좌고대(坐高臺)에서 예불(禮佛)을
하고 청학동(靑鶴洞)에서 신선(神仙)을 찾기도 하였다. 그런데 지금은
그 병석(甁錫)을 거두어서 봉천사(奉天寺)에 들어가 거주하면서 분향(焚
香)하고 면벽(面壁)하여 앉아서 그 스승이 성(性)이라고 한 것을 깨달으
려고 노력하고 있다. 징 상인의 뜻은 석가모니에게 귀의할 뿐만 아니
라, 장차 그의 옛 주인을 위하여 복전(福田)을 개척하고 진벌(津筏)[36]을
장대하게 만들어서 그로 하여금 내세(來世)의 이익을 얻게 하려고 하
니, 징 상인은 또한 충성스럽기도 하다.

나는 중니(仲尼)의 무리인데, 산을 사랑하는 마음은 징 상인과 똑같
다. 세 웅산은 모두 먼 지방에 있으므로 가서 유람하지 못하고 항상
생각만 할 뿐이다. 그런데 지난 신묘년에 외람되이 천령군수(天嶺郡守)
가 되었는데, 두류산이 바로 그 남쪽 지경에 있었다. 한번은 뜻을 같
이 하는 선비들과 함께 직무를 벗어나 그 정상까지 가서 자못 중니가
천하를 작게 여긴 뜻을 품었다. 그 후로 지금까지 5년 동안을 심신(心
神)이 꿈속에서도 일찍이 천왕봉에 있지 않은 적이 없었다. 어떻게 하
면 징 상인 같은 이와 함께 이어서 이 봉우리에 올라, 산천의 이어져
우뚝함과 곤붕(鯤鵬)의 변화와 일월(日月)의 뜨고 지는 것들을 마음놓
고 보아서 가슴속의 답답함을 거듭 시원하게 풀 수 있을까?

그렇지만 징 상인이 보는 것〔觀〕은, 동(動)은 절로 동한 것이요 정
(靜)은 절로 정한 것이지만, 내가 보는 것은 동을 말미암아 정을 구하
고 정을 말미암아 동을 구함으로써 동과 정이 원래 서로 분리되지 않

---

35 대방(帶方): 남원(南原)의 옛 이름이다.
36 진벌(津筏): 물을 건널 수 있는 나루와 뗏목을 말하는데, 목표를 이룰 수 있는 도구
를 뜻한다.

는다. 이것은 나와 징 상인이 일부러 다르게 한 것이 아니라, 두 스승
인 공자와 석가모니의 도가 본래 이러한 것인데, 나 또한 그렇게 된
까닭을 모르겠다.

釋戒澄遊智異山序

西方之聖 莫尊於牟尼 東方之山 莫高於頭流 學佛者 以牟尼爲標準
則龍樹馬鳴達摩臨濟 風斯下矣 吾東方觀山者 奚異於是 金剛雄于東 妙
香雄于北 九月雄于西及南 登頭流 則三雄之在眼底 猶嶙峋然 豈唯是也
海內之恒岱衡華 亦將退縮之不暇矣 澄上人 學牟尼者也 少事德源君曙
雖廝養 有所不憚焉 晚耽竺敎 落彩蒙伽梨 徧參名山 戒行淸高 爲其道
者爭慕之 旣而 自帶方遊頭流 凌般若 躍天王 禮佛坐高臺 訪仙靑鶴洞
今則歛其甁錫 入奉天寺居焉 焚香面壁而坐 以求見其師之所謂性者 澄
之意 非但依歸於牟尼 將爲其舊主 拓福田 壯津筏 使之獲來世利益也
澄其亦忠矣哉 余仲尼之徒也 而愛山則與澄同 三雄皆在遐方 不得往遊
居常爲念 歲辛卯 叨守天嶺 頭流在其南境 一者 與同志之士 擺落簿領
而窮其巓焉 頗懷仲尼小天下之志 至今五年間 心神夢寐 未嘗不在天王
峯 安得如澄者與之續登玆峯 縱覽山川之融峙 鯤鵬之變化 日月之出沒
以重快夫方寸之鬱鬱也哉 雖然 澄之觀 動自動 靜自靜 余之觀 因動而
求靜 因靜而求動 動與靜 元不相離 非余與澄故爲異也 兩師之道 固如
是 余亦不知其所以然

부록

연보 ― 참고 문헌 ― 찾아보기

서기	제왕 연대	나이	사적
1431년	세종 13년	1	○ 6월 경자일 갑신시에 밀양부(密陽府)의 서쪽 대동리(大洞里) 집에서 태어났다. 부친은 강호선생(江湖先生) 김숙자, 모친은 사재감정(司宰監正) 박홍신(朴弘信)의 딸 밀양 박씨이다.
1436년	세종 18년	6	○ 부친 김숙자에게서 처음 학문을 배우다.
1438년	세종 20년	8	○『소학』을 읽다.
1442년	세종 24년	12	○ 이때부터 시(詩)를 잘한다는 명성이 있었고, 기억력이 뛰어났다.
1443년	세종 25년	13	○『주역(周易)』을 배웠다. 부친이 고령현감(高靈縣監)으로 나가 있었는데, 형 종유(宗裕)와 함께『주역』을 배웠다.
1445년	세종 27년	15	○ 선생은 의관(衣冠)을 바르게 하고 단정히 앉아 글을 읽으면서 거의 침식(寢食)을 잊을 정도였다.
1446년	세종 28년	16	○ 이 해에는 경사(京師)에서 과거에 응시하여 백룡부(白龍賦)를 지었으나 낙제했다.
1448년	세종 30년	18	○ 부친을 모시고 경사(京師)에 있었다. 부친에게서 태학의 책제(策題)에 대한 글을 지어 보도록 하는 말을 듣고 성리학에 대해 공부하기 시작했다.
1451년	문종 원년	21	○ 이 해에 창산인(昌山人) 울진현령(蔚珍縣令) 조계문(曺繼門)의 딸에게 납채(納采)하였는데, 매계(梅溪) 조위(曺偉)는 처남이다.

---

1 이 연보는『점필재집』의 부록에 실려 있는 「점필재선생연보」를 축약하고 필요한 내용을 덧붙인 것이다.

서기	제왕 연대	나이	사적
1452년	문종 2년	22	○ 백씨 종석(宗碩)과 함께 감문(甘文-開寧)에서 부친의 가르침을 받았는데, 이때 지지당(止止堂) 김맹성(金孟性)이 찾아와서 현(縣)의 별관(別館)에서 강학(講學)했다. 그 후에도 김맹성은 또 선생과 함께 황악(黃嶽)의 능여사(能如寺)에 들어가 옛날에 읽은 글들을 복습(復習)하였으며, 서로가 학문하는 데 많은 도움을 주었다.
1453년	단종 원년	23	○ 봄에 진사시(進士試)에 합격했고, 겨울에는 초례(醮禮)를 올렸다. 이 해에 처음으로 태학(太學)에 유학하면서 『주역』을 읽었다.
1454년	단종 2년	24	○ 부친이 여묘살이를 할 때에 몸을 많이 상하였으므로, 마음 아파하면서 유천부(籲天賦)를 지었다. 부친이 성균관 사예(成均館司藝)로 있다가 성주교수(星州敎授)로 나가 있었으므로, 중씨와 함께 가서 뵈었다. 부자묘(夫子廟)에 들어가 소상(塑像)이 오래되어 그 몰골이 참혹함을 보고 밤나무 신주로 바꾸도록 하였다. 그리고 「알부자묘부(謁夫子廟賦)」를 지었다.
1455년	세조 원년	25	○ 백씨와 함께 동당시(東堂試)에 합격하였다.
1456년	세조 2년	26	○ 백씨와 함께 회시(會試)를 보았는데, 백씨만 급제하고 김종직은 낙제했다. ○ 3월 모일에 부친의 상(喪)을 당하여 밀양부(密陽府)의 서쪽으로 6리쯤에 있는 고암산(高巖山) 분저곡(粉底谷)에 장례를 치르고 두 형과 함께 여묘살이를 하였다.
1457년	세조 3년	27	○ 여묘살이를 계속했다. 「조의제문」을 지었다.
1458년	세조 4년	28	○ 복(服)을 마치고는 작은 집을 짓고 명발와(明發窩)라 이름 붙였다. 여기에 거처하면서 모친을 봉양하고, 부친의 덕과 행실이 세상에 드러나지 못한 것을 애석해하여 『이준록(彝尊錄)』을 찬하였다. 이 해 가을에 별거(別擧)의 초시(初試)를 보아 합격했다.

서기	제왕 연대	나이	사적
1459년	세조 5년	29	○ 많은 학도들이 찾아와 배웠다. 봄에는 고태정(高台鼎)의 방하(榜下)에서 급제하였다. 부친 김숙자가 원종공신(原從功臣)으로 중직대부(中直大夫) 예문관직제학 겸춘추관기주관(藝文館直提學兼春秋館記注官)에 추증되었고, 모친도 또한 영인(令人)에 올려 임명되었다. 승문원 권지부정자(承文院權知副正字)에 임명되었다.
1460년	세조 6년	30	○ 봄에 승문원 저작(承文院著作)에 승진 임명되었다. 백씨가 3월에 서울에서 38세의 나이로 객사했다. 널을 받들고 가서 고향에 반장(返葬)하였다. 백씨의 자식들을 기르고 가르쳐서 성립(成立)시켰다. 조카인 치(緻)는 정유년에 진사가 되었고, 인(繡)은 경자년에 생원, 진사가 되었다.
1461년	세조 7년	31	○ 승문원 박사(承文院博士)에 승진되었다. 12월에는 교지(教旨)를 받들어 왕세자빈(王世子嬪) 한씨(韓氏)의 애책문(哀冊文)을 지었다.
1462년	세조 8년	32	○ 교지를 받들어 인수왕후(仁壽王后)에 대한 봉숭옥책문(封崇玉冊文)을 지었다.
1464년	세조 10년	34	○ 사헌부 감찰(司憲府監察)에 전임(轉任)되었는데, 마침 입대(入對)하여 잡학에 대해 간언하다가 상(上)의 뜻에 거슬려 파직되었다. 학생들이 몰려들어 강학에 열중했다.
1465년	세조 11년	35	○ 영남 병마평사(嶺南兵馬評事)로 기용되었다. 「의등루부」를 지었다. 『형재선생시집(亨齋先生詩集)』의 서문을 지었고, 또 『경상도지도지(慶尙道地圖誌)』를 찬(撰)하였다.
1466년	세조 12년	36	○ 7월에 이시애(李施愛)가 반란을 일으켰으므로, 선생이 절도사의 관문(關文)을 가지고 군사를 모집하기 위해 영해부(寧海府)에 갔다. 이곡(李穀)의 옛집을 찾아보고, 관어대(觀魚臺)에 올라서 「관어대부」를 지었다.
1467년	세조 13년	37	○ 홍문관 수찬(弘文館修撰)에 임명되었다. 상소하여 사직하였으나, 윤허하지 않았다.

서기	제왕 연대	나이	사적
1468년	세조 14년	38	○ 이조좌랑 겸춘추관기주관 교서관교리지제교(吏曹左郎兼春秋館記注官校書館校理知製敎)에 임명되었다. 이해 9월 8일에 세조가 승하했다.
1469년	예종 원년	39	○ 조산대부(朝散大夫) 전교서교리겸예문관응교지제교(典校署校理兼藝文館應敎知製敎)에 임명되었는데, 병 때문에 세 차례나 사양하였으나, 윤허하지 않았다. ○ 10월 6일에 상(上)이 본서(本署)에 명하여 『제범훈사(帝範訓辭)』를 인쇄하여 올리도록 하자, 이날 밤에는 기뻐서 잠도 자지 않고, 시 3수를 지었다. 예종이 승하하자, 교지를 받들어 시책문(諡冊文)을 지어 올리고, 만사(挽詞) 3수도 지어 올렸다.
1470년	성종 원년	40	○ 성종이 즉위하여 처음으로 경연(經筵)을 열고 문학(文學)하는 선비들을 특별히 선발하여, 그 선발에 든 사람이 모두 19인이었는데, 그중에 선생이 으뜸이었다. ○ 이 해 6월 3일에 예문관수찬지제교겸경연검토관 춘추관기사관(藝文館修撰知製敎兼經筵檢討官春秋館記事官)에 제수되었다. 겨울에 당시 모친의 나이가 71세이므로 사직하고 돌아가 모부인 봉양하기를 청하니, 함양군수(咸陽郡守)를 제수하였다.
1471년	성종 2년	41	○ 정월 상순(上旬)에 함양(咸陽)의 임소(任所)에 당도했다. 직무를 보는 여가에 그 경내(境內)의 총명한 관자(冠者)와 동몽(童蒙)들을 선발하여 가르쳤는데, 일과(日課)를 정하여 강독(講讀)시키니, 배우는 사람들이 그 소문을 듣고 먼 데로부터 와서 모였다. 9월에는 조열대부(朝列大夫)에 승진되었고, 12월에는 봉정대부(奉正大夫)에 승진되었다. ○ 판에 새겨 벽에 걸어 둔 유자광의 시를 떼어서 불태워 버리게 했다.
1472년	성종 3년	42	○ 봄가을에 향음주례(鄕飮酒禮)와 양로례(養老禮)를 설행(設行)하였다. 정여창과 김굉필이 와서 배웠다.
1473년	성종 4년	43	○ 중훈대부(中訓大夫)에 승진되었다.

서기	제왕 연대	나이	사적
1474년	성종 5년	44	ㅇ 아들 목아(木兒)가 다섯 살이었는데, 2월 28일에 반진(斑疹)으로 죽었다.
1474년	성종 5년	44	ㅇ 10월 1일에는 사직장을 올리고 금산(金山)의 농사(農舍)로 돌아왔는데, 수리되지 않았다. 함양에 다원을 조성하고 「다원 2수」를 지었다.
1475년	성종 6년	45	ㅇ 중직대부(中直大夫)에 승진되었다. 함양성(咸陽城) 나각(羅閣)의 지붕을 기와로 바꾸고, 그에 대한 시를 지었다. ㅇ 정여창과 김굉필이 문하에서 유학하면서 서로 연마하였다. 함양군을 다스리는 정사의 성적이 제일이었으므로, 통훈대부(通訓大夫)로 승진되고 특지(特旨)로 승문원사(承文院事)에 임명되었다. 군민들이 생사당(生祠堂)을 짓고 매월 삭망(朔望)에 참배했다. 『신문충공문집(申文忠公文集)』의 서문을 지었다.
1476년	성종 7년	46	ㅇ 정월에 지승문원사로 들어갔다가, 또 고향에 돌아가 어버이 봉양하기를 요청하니, 7월 2일에 상이 특명으로 선산부사(善山府使)를 제수했다. ㅇ 매월 삭망 때마다 먼저 선성(先聖)을 참배하고 향음주례(鄕飮酒禮)를 거행하였다. 그리고 봄가을에는 양로례(養老禮)를 설행하였다. 윤상(尹祥) 시집(詩集)의 서문을 썼다.
1477년	성종 8년	47	ㅇ 이 해 중하(仲夏)에 김굉필, 이승언, 원개, 이철균, 곽승화, 주윤창이 부(府)의 향교에 모여 토론하고 논변했다.
1478년	성종 9년	48	ㅇ 모친이 12월에 향년 80세로 별세했다.
1480년	성종 11년	50	ㅇ 정월에 지동(池洞)의 분저곡(粉底谷)에 초빈했다가, 3월에 선공의 묘 곁에 장사지냈다. 그리고 여막을 짓고 여묘살이를 했다.
1481년	성종 12년	51	ㅇ 양준·양침 형제가 홍유손을 따라와서 배웠다.

서기	제왕 연대	나이	사적
1482년	성종 13년	52	○ 이 해 2월에 복을 마쳤다. 김기손·일손 형제가 와서 배웠다. ○ 3월에 가속들을 데리고 금산의 옛 집으로 돌아왔다. 금산에 서당을 짓고 그 옆에 못을 파서 연(蓮)을 심고는 경렴당(景濂堂)이라 편액을 걸었다. ○ 4월에는 밀양의 제자(諸子)들에게 편지를 보내서 권면하여 학규(學規)를 만들게 했다. ○ 특명으로 홍문관 응교지제교겸경연시강관 춘추관편수관을 제수하였다. 4월에 병을 이유로 사면장을 바쳤는데, 사직을 윤허하지 않으므로 경연에 입시했다. 특별히 예문관 직제학지제교 경연춘추관 기주관을 제수하니, 선생이 병으로 사양하였으나 윤허하지 않았다. ○ 4월 30일에 숙인(淑人) 조씨(曺氏)가 작고하였다. 휴가를 받아 11월 20일에 숙인을 금산의 미곡(米谷)에 장사지냈다.
1483년	성종 14년	53	○ 통정대부 승정원동부승지겸경연참찬관 춘추관 수찬관지제교에 승진 임명되었다가, 우부승지에 임명되었는데, 선생이 병으로 사양하였으나, 윤허하지 않았다. ○ 3월에 대행대비(大行大妃) 정희왕후(貞熹王后)가 온양(溫陽)의 행궁(行宮)에서 승하했다. 교지(敎旨)를 받들어 애책문(哀冊文)을 지어 바쳤다.
1484년	성종 15년	54	○ 좌부승지에 승진 임명되었고, 교지를 받들어 「내반원기(內班院記)」를 짓고, 「환취정기(環翠亭記)」를 찬했다. ○ 8월 6일에는 상이 특명으로 가선대부 승정원도승지겸경연참찬관 춘추관수찬관지제교 예문관제학 상서원정에 승진 임명했다. ○ 10월 26일에는 상이 특별히 이조참판 겸동지경연성균관사를 제수하자, 사양하는 소장을 세 차례나 올렸으나 윤허하지 않았다. 성종이 금대(金帶)를 하사했다. 12월에는 병으로 체직되었다.
1485년	성종 16년	55	○ 정월 27일에 이조참판겸동지경연 홍문관제학 성균관사를 제수하자, 상소하여 사양하였으나 윤허하지 않았다.

서기	제왕 연대	나이	사적
1485년	성종 16년	55	○ 사복시첨정(司僕寺僉正) 남평인(南平人) 문극정(文克貞)의 딸에게 장가들어 그를 맞아 서울의 명례동(明禮洞)으로 우귀(于歸)시켰는데, 부인(夫人)은 18세로 정부인(貞夫人)에 승진 임명되었다. ○ 여름에는 병으로 사직하고 밀양의 전장(田莊)으로 돌아갔다. 학자들이 사방에서 찾아와 배웠다. ○ 9월 29일에는 첨지중추부사겸동지경연성균관사에 제수되었으나, 병으로 사양하고 취임하지 않았다. 10월에는 가선대부 홍문관 제학을 제수하고 교지를 내려 불렀으나, 병을 핑계로 극력 사양하니, 상이 사관(史官)을 보내서 돈유(敦諭)하였다. 11월에는 대궐에 들어가 경석(經席)에 입시했다.
1486년	성종 17년	56	○ 3월 3일에 예문관 제학을 제수하자, 상소하여 사직하였으나, 윤허하지 않았다. 교지를 받들어 『여지승람』 편차(編次)의 일을 시작하여 8개월 만에 완성했다. ○ 7월 22일에는 아들 숭년(嵩年)이 태어났다.
1487년	성종 18년	57	○ 경기도 관찰사겸개성유수(京畿道觀察使兼開城留守)에 제수되자, 세 차례 상소하여 체직을 윤허받았다. ○ 5월에는 예문관 제학에서 전라도 관찰사 겸순찰사 전주부윤(全羅道觀察使兼巡察使全州府尹)에 체제(遞除)되자, 상소하여 사양하였으나 윤허하지 않았다. 호남을 관찰하고 읍을 순찰하면서 권과강독(勸課講讀)과 향음주례(鄕飮酒禮)와 향사례(鄕射禮)를 거행했다.
1488년	성종 19년	58	○ 5월에 상소하여 체직되었다가 특별히 병조참판 겸홍문관제학(兵曹參判兼弘文館提學)에 제수되었다. 대궐에 당도하여 상소를 올려 사양하였으나 윤허하지 않았다. 10월 16일에는 가선대부 한성부좌윤 겸동지성균관사에 제수되었다.
1489년	성종 20년	59	○ 정월 21일에 공조참판겸동지경연 홍문관제학 동지성균관사에 제수되자, 상소하여 사양하였으나 윤허하지 않았다. 3월 1일에는 특별히 자헌대부(資憲大夫) 형조판서 겸지경연 홍문관제학 지성균관사에 제수되자, 상소하여

서기	제왕 연대	나이	사적
1489년	성종 20년	59	사양하였으나, 윤허하지 않았다. 가을에는 중풍으로 인한 마비증세로 사직하고 지중추부사에 옮겨졌다.
1490년	성종 21년	60	○ 밀양에 내려가 있었는데, 학자들이 사방에서 모여들어 강학하였다. 성종이 선생의 청빈함을 듣고 쌀 70석을 내리게 하였는데, 선생이 세 차례나 상소하여 사양하였으나, 윤허하지 않았다.
1491년	성종 22년	61	○ 선생의 질병이 오래도록 낫지 않자 성종은 사관(史官)을 보내어 문병을 하고 약물을 연해서 지급하니, 차자(箚子)를 올려 사은하였다. 성종이 선생의 빈한함을 생각하여 밀양 백산(柏山)에 소재한 노비(奴婢) 15구(口)와 동래부(東萊府) 북쪽 온정(溫井)의 원답(員畓) 7석지기를 사패(賜牌)하자, 상소하여 받지 않았으나, 윤허하지 않았다.
1492년	성종 23년	62	○ 7월 19일에 명발와(明發窩)에서 향년 62세로 작고했다. 부음이 전해지자 성종은 이틀 동안 조회를 정지하고 예관(禮官)을 보내어 조제(吊祭)하고 치부(致賻)하였다. 부(府)의 남쪽 무량원(無量院)의 건좌 손향(乾坐巽向)의 언덕에 장사지냈다. 문충(文忠)이라는 시호를 내렸다.
1493년	성종 24년		○ 문도들이 문집과 『이준록』을 찬집하여 매계(梅溪) 조위에게 편차(編次)의 일을 맡겼다. ○ 4월에 시호를 문충에서 문간(文簡)으로 바꾸었다.
1494년	성종 25년		○ 선생의 유고를 찾아 들이라는 성종의 명을 받들어 수집하여 올렸는데, 미처 간행하여 반포하기 전에 성종이 승하했다. 매계 조위가 대제학 홍귀달에게 선생의 신도비명(神道碑銘)을 청하여 새겨서 옛 여문(閭門) 앞에 세웠다.
1689년	숙종 15년		○ 7대손 시락(是洛)이 상소하여 증직(贈職)과 복시(復諡)를 청하여, 상이 특별히 영의정(領議政)을 추증하고, 1708년 숙종 34년에 문충으로 복시하였다.

■ **원전**

『小學』

『高麗史』

『朝鮮王朝實錄』

『CD-ROM 國譯 朝鮮王朝實錄』, 서울시스템, 1995.

『圃隱集』

『冶隱集』

『江湖先生實記』

『佔畢齋集』

『국역점필재집』, 임정기 역, 민족문화추진회, 1997.

『一蠹集』

『景賢錄』

『靜菴集』

『秋江集』

『虛白堂文集』

『鶴峯集』

『傭齋叢話』

『海東雜錄』

『海東野言』

『惺所覆瓿藁』

『谿谷漫筆』

『青莊館全書』

『燃藜室記述』

『宋子大全』

『星湖僿說』

『國朝寶鑑』

■ 단행본

이수건, 『영남사림파의 형성』, 영남대학교출판부, 1979.

정재경, 『정여창 연구』, 집문당, 1987.

신학상, 『김종직의 도학사상』, 도서출판 영, 1990.

박성봉, 『길야은연구논집』, 서문문화사, 1996.

금장태, 『朝鮮 前期의 儒學思想』, 서울대학교 출판부, 1997.

김　돈, 『조선전기 군신권력관계 연구』, 서울대학교출판부, 1997.

이원걸, 『김종직의 풍교 시문학 연구』, 박이정, 2004.

■ 논문

김충렬, 「朝鮮朝 性理學의 形成과 그 正脈」, 『大東文化研究』 13집, 1979.

김태영, 「초기 사림파의 성격에 대하여」 – 김종직을 중심으로, 『경희사학』
　　　　6,7,8합집, 1980.

서경요, 「韓國 儒學 思想의 特性에 관한 研究」 – 實踐哲學的 性格을 중심
　　　　으로 – , 성균관대학교 박사학위논문, 1982.

김홍경, 「朝鮮初期 儒學思想에 관한 研究」 – 太宗~世祖代 官僚 儒學者를
　　　　중심으로, 성균관대학교 박사학위논문, 1992.

김영봉, 「점필재 김종직의 관료문인적 성격」, 『연민학지』 제3집, 1995.

김성기, 「김종직론」, 『한국한시작가연구』 3, 한국한시학회, 1998.

이원걸, 「김종직의 「賦」에 반영된 유자 의식」, 『퇴계학』 제13집, 안동대학
　　　　교 퇴계학연구소, 2002.

정상균, 「김종직의 〈조의제시(문)〉 연구」, 『고시가연구』 10집, 한국고시가문
　　　　학회, 2002.

유영봉, 「점필재 「동도악부」의 성격과 계승 양상」, 『동방한문학』 제29집,
　　　　2005.

이병휴, 「15세기 후반·16세기 초의 사회변동과 김종직 및 그 문인의 대응」,
　　『역사교육논집』 35집, 2005.

진상원, 「조선전기 정치사건의 처벌과 신원」 – 김종직의 사례를 중심으로,
　　『역사학보』 180집, 역사학회, 2003.

진상원, 「조선 중기 도학의 정통계보 성립과 문묘종사」, 『한국사연구』 128집.
　　2005.

허권수, 「점필재 김종직의 선도와 강우학파」, 『남명학연구』 20집, 경상대학
　　교 남명학연구소, 2005.

이희목, 「점필재 김종직 재평가」, 『한문학보』 제15집, 우리한문학회, 2006.

정성희, 「조선 도통론의 비판적 검토」 – 김종직을 중심으로, 『유교사상연구』
　　31집, 한국유교학회, 2008.

찾아보기

【가】

강상파(綱常派) 37

강순(康純) 25

강응정(姜應貞) 100

경연관 57

『경현록(景賢錄)』 96, 115

계유정란 16, 24, 25, 67

계징(戒澄) 114

「고산탄현유회성충(高山炭峴有懷成
    忠)」 130

관료유학자 24, 28

관학파 16

광해군 96

권건(權健) 68

권경유(權景裕) 82, 85

권근(權近) 24

권람(權擥) 68

권오복(權五福) 82, 85

권제(權踶) 68

『근사록(近思錄)』 34, 116

기대승(奇大升) 43

길재(吉再) 15, 16, 24, 29, 35, 42,
    43

김굉필(金宏弼) 15, 31, 41, 42, 54,
    70, 91, 93, 115

김기손(金驥孫) 56

김맹성(金孟性) 90

김수온(金守溫) 119

김숙자(金叔滋) 15, 24, 43, 45, 46,
    48, 49, 107

김시습(金時習) 99

김일손(金馹孫) 56, 77, 85, 82, 91,
    99

김종서(金宗瑞) 85

김종직(金宗直) 15, 41, 42~45

「김종직론(金宗直論)」 71

김준손(金俊孫) 82

【나】

난신적자(亂臣賊子) 129

남이(南怡) 25

남효온(南孝溫) 71, 73, 82, 91, 98

내성외왕(內聖外王) 13

능문능리(能文能吏) 19

【다】

「다원 2수(茶園二首)」 54, 132

단종(端宗) 52, 65, 129

『대학(大學)』 94

도문일치론(道文一致論) 123

도연명(陶淵明) 81, 129

도통(道統) 27, 39, 40

도통론(道統論) 39, 41

도학(道學) 18, 28

도학파 15, 16

「독소학(讀小學)」 94, 115

『동국여지승람(東國輿地勝覽)』 120

「동도악부(東都樂府)」 130

『동문선(東文選)』 121

『동문수(東文粹)』 121

「등루부(登樓賦)」 134

【마】

무신(武臣)의 난 18

무신정권(武臣政權) 19

무오사화(戊午士禍) 73, 76, 77

문간(文簡) 58, 61, 77

「문극겸(文克謙)」 130

문묘 42

문이재도(文以載道) 122

「문인록」 90

문충(文忠) 58, 76

민란(民亂) 26, 27

【바】

박홍신(朴弘信) 45, 46

반우형(潘佑亨) 31

반정(反正) 41

「발송도록(跋松都錄)」 130

「백룡부(白龍賦)」 119

봉상시(奉常寺) 58

불교(佛敎) 18, 112

『불씨잡변(佛氏雜辨)』 38

【사】

사림(士林) 44, 62, 63

사림파(士林派) 15, 28, 28, 41, 50

『사우명행록(師友名行錄)』 71, 91

사육신(死六臣) 99

사장(詞章) 121

생사당(生祠堂) 55, 133

생육신(生六臣) 99

선산부사(善山府使) 55

성정을 다스린다〔理性情〕 126

성종 53

성충(成忠) 130

성현(成俔) 121, 124

세조(世祖) 52, 65, 79, 80

「세조혜장대왕악장(世祖惠莊大王樂章)」 65

세종(世宗) 65

소릉(昭陵) 79, 99

소학동자(小學童子) 31, 55

「소학제사(小學題辭)」 30

『소학(小學)』 28, 34, 54, 64, 93, 109, 115, 116

송시열(宋時烈) 74

수성기(守成期) 27

숙종(肅宗) 61

「술주(述酒)」 81, 129

숭년(嵩年) 82
시호(諡號) 58, 76, 109
「신문충공문집서(申文忠公文集序)」 69, 131
신숙주(申叔舟) 69

【 아 】
안응세(安應世) 82
「알부자묘부(謁夫子廟賦)」 117
양대봉(楊大峯) 33
양로례(養老禮) 55, 117
어세겸(魚世謙) 119
어세공(魚世恭) 141
『연려실기술(練藜室記述)』 84, 98
연산군(燕山君) 78
『영가련괴집서(永嘉連魁集序)』 68
『영가연괴집(永嘉連魁集)』 68
영릉(零陵) 81
『예기(禮記)』 108, 112
예종(睿宗) 25, 53
왕자(王子)의 난 27
유인호(柳仁濠) 82
유자광(柳子光) 70, 77
유하혜(柳下惠) 134
유향소(留鄕所) 117
『육신전(六臣傳)』 99, 100
윤봉구(尹鳳九) 30
윤상(尹祥) 107
「윤선생상시집서(尹先生祥詩集序)」 122

윤필상(尹弼商) 61
「의등루부(擬登樓賦)」 134, 135
의리론 13, 14
이곡(李穀) 21
이극돈(李克墩) 77
이긍익(李肯翊) 73, 84
이덕무(李德懋) 74
이목(李穆) 83
이방원(李芳遠) 23, 27, 44
이색(李穡) 21, 39
이심원(李深源) 100
이언적(李彦迪) 96
이원(李黿) 60, 82
이익(李翼) 74
이제현(李齊賢) 21
『이준록(彝尊錄)』 30, 45, 47, 108
이칙(李則) 62
이황(李滉) 34, 74, 96, 97
임사홍(任士洪) 99

【 자 】
장유 72, 74
「저자도회한문절공(楮子島懷韓文節公)」 130
절의 44
정경세(鄭經世) 96
정도전(鄭道傳) 14, 23, 36, 38, 39, 41
정몽주(鄭夢周) 14, 15, 27, 36, 39, 40, 42, 43, 73

정본(鄭苯) 85
정부인(貞夫人) 문씨(文氏) 82
정승조(鄭承祖) 82
정여창(鄭汝昌) 15, 42, 54, 91, 96,
　　100
정창손(鄭昌孫) 99
「제범훈사(帝範訓辭)」 66
조광조(趙光祖) 15, 33, 41, 43, 96,
　　116
조위(曺偉) 58, 82
「조의제문(弔義帝文)」 25, 67, 79, 127
주렴계(周濂溪) 56
『주자가례(朱子家禮)』 28, 111
중종(中宗) 15, 41

【 차 】

「척불의(斥佛議)」 110
『청구풍아(靑丘風雅)』 121
『춘추(春秋)』 82, 129

【 파 】

표연말(表沿沫) 81, 82
풍교를 이룬다〔達風敎〕 126

【 하 】

학규(學規) 56
「학규(學規)」 108, 109
한변(韓變) 47
「한빙계(寒氷戒)」 31
한종유(韓宗愈) 130

함양군수(咸陽郡守) 53
『해동잡록(海東雜錄)』 70, 87, 119
향교(鄕校) 57
향사례(鄕射禮) 117
향음주례(鄕飮酒禮) 55, 117
허균(許筠) 71, 72
허반(許磐) 83
허봉(許筘) 97
허형(許衡) 94
혁명기(革命期) 27
혁명론(革命論) 13, 14
혁명파(革命派) 23, 37
홍여하(洪汝河) 29
홍유손(洪裕孫) 56, 71, 82
「화도연명술주(和陶淵明述酒)」 17,
　　81, 129
황보인(皇甫仁) 85, 86
황인(黃璘) 82
훈구(勳舊) 62, 63
훈구파(勳舊派) 16, 105

지은이 | **정성희**
공주사범대학 역사교육과 졸업,
성균관대학교 유학대학원 석사,
성균관대학교 대학원 유학과 박사(철학).
현 성균관대학교 강사,
　성균관대학교 동아시아학술원 유교문화연구소 수석연구원.

논문 「여말·선초의 도학사상 연구」
　　　「성리학 형성에 있어 불교의 역할에 관한 연구」
　　　「정도전의 도학정치사상 연구」
　　　「조광조의 도학정치사상」
　　　「원대 유학의 주육화회사상」
　　　「원유의 도통의식」
　　　「조선말 성리학자의 성리학적 개념에 대한 인식」 등
역서 『정명도의 철학』
　　　『성리논변』

조선 도학의 분수령

김종직

초판 1쇄 인쇄 2009년 4월 14일
초판 1쇄 발행 2009년 4월 24일

지은이 정성희
표지제자 路石 이준호
펴낸이 서정돈 **펴낸곳** 성균관대학교 출판부
편　집 신철호·현상철 **디자인** 최세진
마케팅 김종우·송지혜 **관리** 손호종·김지현

등록 1975년 5월 21일　제 1975-9호
주소 110-745 서울특별시 종로구 명륜동 3가 53
전화 02)760-1252~4　**팩스** 02)762-7452
홈페이지 press.skku.edu

ⓒ2009, 정성희

ISBN 978-89-7986-791-6　04150
　　　978-89-7986-481-6(세트)

건학 **600주년** 기념으로 기획된 **유학사상가총서 시리즈**는 한·중·일 동양 삼국의 저명한 유학자를 선정하여 그 생애와 역사적 배경과 사상을 소개하고 비평하는 시리즈입니다. 현대 문명의 위기를 극복할 수 있는 우수한 정신문화를 내포한 유학사상을 다룬 이 시리즈는 누구나 이해할 수 있도록 쉽게 씌어진 **일반 교양서**이며, 그 포괄 범위가 세계 최대로 폭넓다 하겠습니다.

한국편

정약용 — 한국 실학의 집대성
금장태 지음 | 17,000원 | 2000 문화관광부 선정 우수학술도서

이익 — 인간 소외 극복의 실학자
강경원 지음 | 17,000원 | 2002 문화관광부 선정 우수학술도서

정여창 — 조선조 실천유학의 선구자
조남욱 지음 | 14,000원 | 2003 문화관광부 선정 우수학술도서

이색 — 한국 성리학의 원천
이기동 지음 | 17,000원

조광조 — 한국 도학의 태산북두
이상성 지음 | 25,000원

이이 — 정치적 실천철학의 완성
임옥균 지음 | 20,000원

홍대용 — 조선시대 최고의 과학사상가
김인규 지음 | 20,000원

기대승 — 조선 성리학의 이론가
황의동 지음 | 20,000원

기정진 — 한말 성리학의 거장
박학래 지음 | 20,000원

일본편

이또오 진사이 — 일본 사상의 대변자
이기동 지음 | 8,000원

야마자키 안사이 — 일본적 주자학의 원형
다지리 유이치로 지음 | 엄석인 옮김 | 18,000원 | 일본 페리칸출판사와 동시출간

성균관대학교 출판부
오래되어서 좋은 것과 새로워서 좋은 것이 함께 있습니다

중국편

공자 — 영원한 인류의 스승
이기동 지음 | 9,000원

순자 — 통일제국을 위한 비판철학자
윤무학 지음 | 19,000원 | 2005 대한민국학술원 선정 우수학술도서

왕충 — 한대 유학을 비판한 철학자
임옥균 지음 | 13,000원

이고 — 성리학의 개창자
김용남 지음 | 14,000원

정이 — 중국 송대의 신유학자
안은수 지음 | 11,000원 | 2005 대한민국학술원 선정 우수학술도서

장재 — 송대 기철학의 완성자
함현찬 지음 | 17,000원 | 2003 문화관광부 선정 우수학술도서

대진 — 청대 중국의 고증학자이자 철학자
임옥균 지음 | 9,000원

주돈이 — 성리학의 비조
함현찬 지음 | 15,000원

주자 — 동아시아 세계관의 원천
이동희 지음 | 20,000원

http://press.skku.edu